Die Königin bestärkt ihn in seinem Vorhaben, und so besucht er englische Gutsherren und französische Ritter, die in der Schlacht von Poitiers gefangengenommen wurden: Mit dieser Schlacht beginnt das erste Buch seiner Chronik. Ende des 14. Jahrhunderts folgen drei weitere Bücher unter dem Titel „Chronik von Frankreich, England, Schottland, Spanien, der Bretagne, Flandern und der umliegenden Länder". Sie umfassen die Geschichte der letzten drei Viertel des 14. Jahrhunderts. Der Hauptteil des Werks beschäftigt sich mit dem Hundertjährigen Krieg. Froissart, ein genialer Chronist, schreibt bis ins kleinste auf, was man zu seiner Zeit noch über die Geschichte dieser Zeit weiß.

Der Autor am Schreibpult vor einer
Schlachtenszene.

Die Truppen Eduards III. von England überqueren den Tyne, um gegen die Schotten zu kämpfen.

Die Seeschlacht vor Guernsey 1342.

Die Schlacht von La Roche Derrien 1347,
in der Karl von Blois gefangengenommen wird.

Cy parle de la bataille a meaur
en brye ou les Jacques furēt
desconfitz par le cōte de foir
¶ le captal de beus. ¶ est
xxxvbis Chapitre.

¶ Il ce temps que ces
meschans gens
se couuoient reun
drent de prāce
se cōte de foir ¶ le captal
de beus son cousin. si enten
dirent en leur chemin ainsi
comme ilz deuoient entrer
en frāce sa pestilence qui
estoit sur ses nobles hōmes.
Si entendirent en la cite de

chalons que la duchesse de
normādie ¶ la duchesse
dorleans et bien .iiiᶜ. dames
¶ damoyselles et se duc dor
leans aussi estoient en
meaulr en brye retraitz pō
celle Jacquerie. Lors saccor
derent ces deur cheualiers
quilz yroient veoir ces da
mes ¶ les conforteroient
aseur pouoir combien q
se captal estoit anglois.
mais treues estoient entre
ses roys de france ¶ dagletre
Si pouoient estre en leur
route enuiron .lr. lances.

Die Bauern werden in Meaux von Gaston de Foix
in Stücke gehauen und in die Marne gestürzt.

Krönung Karls V. von Frankreich und seiner
Gemahlin Jeanne von Bourbon in Reims 1364

Georges Jean, 1920 in Besançon geboren, ist ehemaliger
Schüler der Ecole normale supérieure in Saint-Cloud.
Er war von 1967 bis 1981 Professor für Linguistik
und Semiologie an der Universität von Maine. Er hat etwa
40 Werke veröffentlicht, darunter acht Gedichtsammlungen,
Aufsätze über Poetik und Pädagogik sowie Gedicht-
anthologien. Für sein Werk „Le plaisir des mots" erhielt er
1980 den Preis der Fondation de France.
1985 bekam er den Prix Louise-Labé für „D'entre les mots".

Deutsche Textfassung: Traudl May
Wissenschaftliche Überarbeitung: Peter May

ABENTEUER GESCHICHTE

Deutsche Erstausgabe als Ravensburger Taschenbuch
© 1991 Ravensburger Buchverlag Otto Maier GmbH

Die Originalausgabe erschien unter dem Titel
„L'écriture, mémoire des hommes"
© 1987 Editions Gallimard, Paris

Redaktion der deutschen Fassung: Martin Sulzer

Alle Rechte dieser Ausgabe vorbehalten durch
Ravensburger Buchverlag Otto Maier GmbH
Satz: Eduard Weishaupt, Meckenbeuren
Printed in Italy by Soc. Editoriale Libraria

5 4 3   95 94 93

ISBN 3-473-51018-1

DIE GESCHICHTE
DER SCHRIFT

Georges Jean

Otto Maier Ravensburg

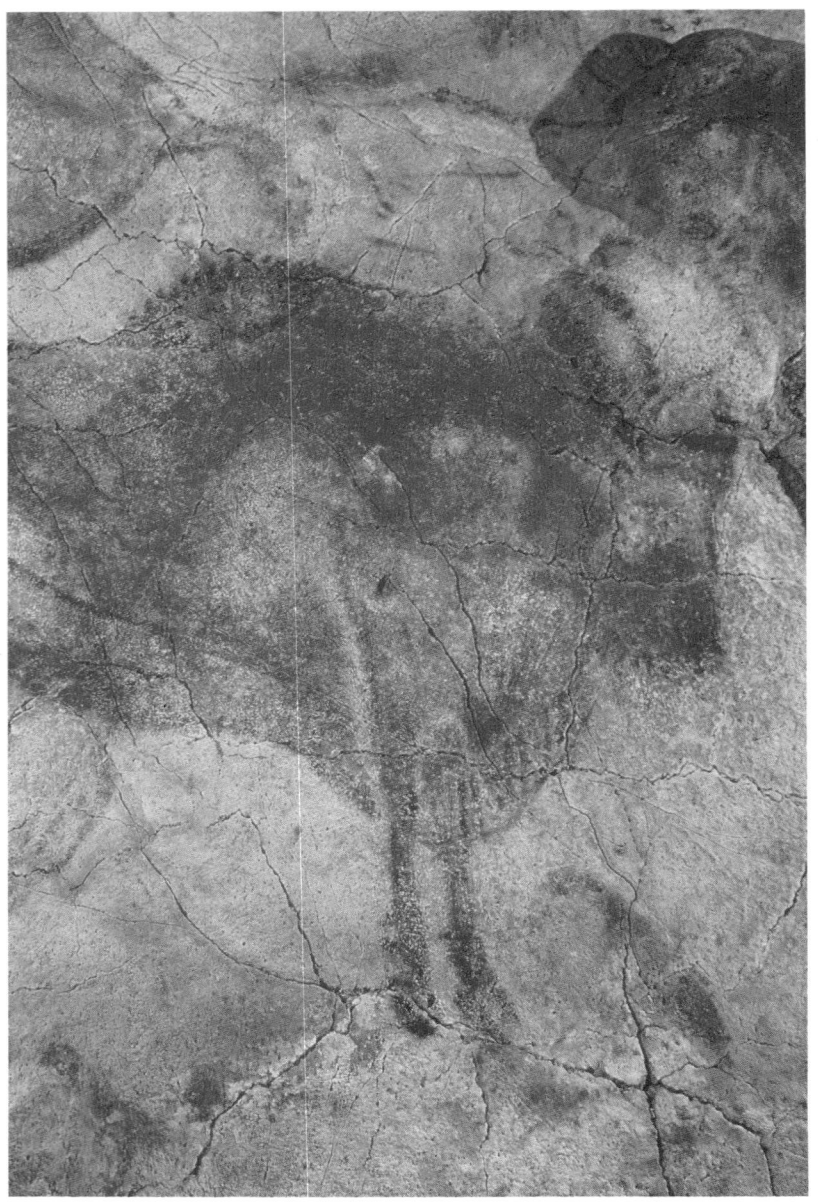

ERSTES KAPITEL

PROSAISCHE ANFÄNGE

Schon 20 000 Jahre vor unserer Zeitrechnung ritzen Menschen in Lascaux (Frankreich) erstmals Zeichnungen in den Stein. Und es dauert 17 weitere Jahrtausende, bis eines der entscheidenden Kapitel der Menschheitsgeschichte beginnt: die Zeit der Schrift. Nun stellt man sich zwar gern vor, daß jene, die die ersten Schriftzeichen erfanden, ihr Leben verewigen wollten. Doch die Wurzeln der Schrift sind wesentlich prosaischer.

„Schon seit einer Million Jahre werden Menschen geboren und sterben; aber sie schreiben erst seit 6 000 Jahren."
Etiemble

Seit Zehntausenden von Jahren benutzen Menschen vielfältige Methoden, um Botschaften zu übermitteln – Zeichnungen, Zeichen oder Bilder. Aber von Schrift im eigentlichen Sinn kann man erst dann sprechen, wenn sich ein Korpus von festgelegten Zeichen oder Symbolen herausbildet, mit deren Hilfe man fähig ist, alles, was man denkt, fühlt oder ausdrücken will, eindeutig festzulegen. Solch ein System entwickelt sich natürlich nicht von einem Tag auf den anderen, und so macht die Schrift eine lange, langsame und vielschichtige Entwicklung durch, die bis heute nicht abgeschlossen ist.

Die Geschichte der Schrift beginnt zwischen Euphrat und Tigris in Mesopotamien. Dieses Gebiet im Mittleren Osten, zwischen dem Persischen Golf und Bagdad, besteht vom 6. bis 2. Jahrtausend v. Chr. aus zwei Reichen: dem Land Sumer im Süden und dem Land Akkad im Norden.

Aufstellungen über Einnahmen und Ausgaben lassen sich kaum mündlich festhalten. Aus diesem Grund entsteht die Schrift.

Obwohl Sumerer und Akkader geographisch benachbart sind, sprechen sie zwei so verschiedene Sprachen wie Deutsch und Chinesisch. Diese hochzivilisierten Völker leben in kleinen Siedlungen rings um Städte wie Babylon – unter der Regentschaft von Fürsten und unter dem Schutz der zahlreichen Götter. Das Volk besteht aus Beamten am königlichen Hof, Priestern, Händlern, Bauern und Hirten. All das schließt man aus den Inschriften auf den ältesten Tontäfelchen, die man in Sumer im Bezirk des großen Tempels der Stadt Uruk fand. Auf einigen dieser Täfelchen von Uruk sind Getreidesäcke und Viehköpfe aufgelistet: Sie stellen eine Art Buchführung des Tempels dar und sind landwirtschaftliche Listen.

Als calculi bezeichnet man Steine mit geometrischen Inschriften, die zum Zählen dienten. Das Wort leitet sich ab von calculus (lat. Kieselstein), woraus sich das französische Wort calcul (Rechnen, Rechnung) und das deutsche kalkulieren entwickelten. Die abgebildeten Steine wurden in Susa gefunden und stammen aus dem Neolithikum. Im medizinischen Bereich bezeichnet das Wort calculus die kleinen, festen Kalkkörper, die sogenannten Steine, die sich zuweilen in der Niere und in den Harnwegen bilden.

Zu den ältesten Schriftfunden gehört dieses Täfelchen aus Uruk aus dem 4. Jahrtausend v.Chr. Die in Tabellen wiederkehrenden Zeichen weisen darauf hin, daß es sich um den Teil eines Rechnungsbuchs handelt.

Andere Täfelchen geben Auskunft über die soziale Verwaltung der Sumerer. So erfährt man, daß in der religiösen Gemeinschaft des Tempels von Lagasch 18 Bäcker, 31 Bauern, 7 Sklaven, 1 Schmied usw. tätig waren. Sie liefern auch den Beweis dafür, daß die sumerischen Völker nicht nur das Geld erfanden, sondern ebenso bereits Darlehen und Zinsen kannten. Anhand von Täfelchen aus den sumerischen Tempelschulen, die auf der einen Seite die vom Lehrer geschriebene

Vorlage, auf der anderen die vom Schüler gefertigte Abschrift tragen, kann man verschiedene Stufen der Keilschrift verfolgen.

Die ersten Exemplare dieser Schrift – die nach Ansicht von Spezialisten eher eine Gedächtnishilfe ist – sind vereinfachte Zeichnungen, die in stilisierter Form z. B. ein Rinderhaupt darstellen, um ein Rind zu bezeichnen (Abb. 1), ein Schamdreieck mit einem Strich für eine Frau (Abb. 2) usw. Es sind *Piktogramme* *, die jeweils auf einen Gegenstand oder ein bestimmtes Wesen hinweisen. Heute kennt man etwa 1500 verschiedene dieser Zeichen. Indem man mehrere davon verbindet, kann man dann einen Gedankengang ausdrücken: Daher stammt der Ausdruck *Ideogramm*, dem man zuweilen begegnet. Wenn man z. B. dem Schamdreieck das Zeichen für Gebirge hinzufügt, drückt man damit aus, daß es sich um „fremde Frauen" handelt, die von der anderen Seite des Gebirges stammen, d. h. Sklavinnen (Abb. 3).

Dieses quadratische Täfelchen mit abgerundeten Ecken von etwa 2300 v. Chr. (rechts) ist typisch für die sumerische Renaissance des III. Reichs von Ur. Es handelt sich dabei um eine Quittung über eine Lieferung von Eseln an verschiedene Personen: einen Bauern, einen Schmied, einen Gerber. Das Zeichen für Esel mit zurückgelegten Ohren, langem Kopf und Hals ist gut zu erkennen. Das Zeichen für Gott erscheint deutlich im untersten rechten Feld.

* *kursive Begriffe* **siehe Glossar Seite 206.**

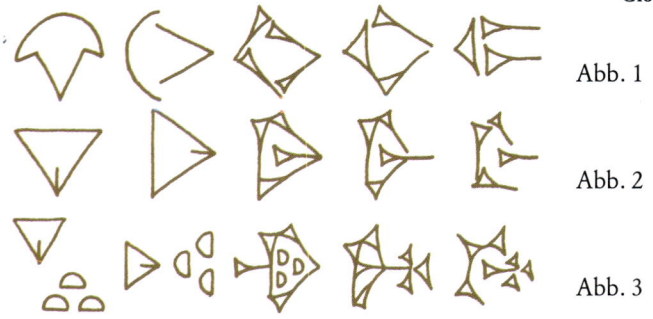

Abb. 1

Abb. 2

Abb. 3

Im Lauf der Jahrhunderte verliert das Piktogramm seinen direkten Bezug auf ein bestimmtes Objekt: Der Sinn ergibt sich nunmehr aus dem Zusammenhang.

In den Fluß- und Sumpfgebieten Mesopotamiens gibt es Ton und Schilf in Hülle und Fülle, so daß es nicht an Schreibmaterial fehlt.

Anfänglich ritzen die sumerischen Beamten ihre Zeichen mit Griffeln aus angespitztem Schilfrohr in die Tontäfelchen. Diese Griffel, die Vorfahren unserer Federhalter und Bleistifte, haben scharfe Kanten und hinterlassen charakteristische Abdrücke im feuchten Ton: Ecken, Keile („Nägel") oder Kreise. Die primitiven

Zeichnungen entwickeln sich mit der Zeit zu aus Keilen zusammengesetzten Gebilden, daher der Name Keilschrift. Man darf jedoch nicht glauben, die Form der Piktogramme sei der Freiheit der einzelnen Künstler überlassen gewesen. Vielmehr existieren ganze Register, von Schreibern angelegte Listen – eine Art einfacher Lexika –, in denen die Form der Zeichen festgelegt ist.

Griffel aus vergänglichen Materialien wie Schilfrohr oder Holz sind nicht erhalten. Aber die Keilschrift-Spezialisten haben erschlossen, daß es drei Griffelsorten gegeben haben muß:

Nun beginnt eine einzigartige Entwicklung: Gegen 2900 v.Chr. verlieren die Piktogramme durch die jahrhundertelange Umformung ihre ursprüngliche Funktion und ihren realen Bezug. Jedes Zeichen kann, je nach Zusammenhang, verschiedene Bedeutungen erhalten. Das Zeichen für Fuß z. B. kann bedeuten: gehen, aufrecht stehen, transportieren usw. Nach und nach verbindet sich nur noch eine Bedeutung mit einem Zeichen – und damit verringert sich deren Anzahl. Bald sind nur noch etwa 600 Zeichen in Gebrauch – für alle Schreibkundigen immer noch eine beachtliche Gedächtnisleistung.

die dreikantige Form für die Ecken, die flache Form für die Keile und die mit rundem Ende für die Zahlenlöcher.

Das Bilderrätsel: eine Spielerei, die zum Schlüssel der Schrift wird.

Die weichen Tontäfelchen, auf die die Schreiber anfangs ihre Texte ritzen, läßt man an der Sonne trocknen oder brennt sie in einem Ofen. Die Zeichen, die benutzt werden, stehen zunächst für Dinge oder Lebewesen. Der entscheidende Fortschritt in der Entwicklung der Schrift besteht nun darin, daß die Zeichen sich mit der Zeit auf die Lautwerte der Worte der gesprochenen Sprache beziehen.

Am Anfang jeder wirklichen Schrift steht also die *Phonetisierung*. Die Sumerer wie auch die Alten Ägypter benutzen dafür ein Verfahren, das wie eine Spielerei wirkt: das Bilderrätsel. Sie kommen auf die Idee, sich eines Piktogramms zu bedienen, das nicht das dargestellte Objekt bezeichnet, sondern für ein ähnlich klingendes Wort steht. Das funktioniert wie bei unseren Bilderrätseln: Das Bild von Sand und das Bild der Ahle stehen nicht jeweils für das Material oder das Werkzeug, sondern zusammen für das Kleidungsstück „Sand-Ahle", also für „Sandale".

So verwendet man das sumerische Piktogramm für Pfeil, ti, um den Begriff Leben, das ebenfalls ti gesprochen wird, wiederzugeben. Das ist nur ein einfaches Beispiel, denn die Phonetisierung entwickelt sich über lange Zeiträume und auf sehr komplexe Weise.

An diesem Punkt müssen die sumerischen Schreiber Determinative einführen, die die verwendeten Zeichen klassifizieren, um klarzustellen, ob es sich jeweils um das Objekt oder den Lautbezug handelt: Dadurch erst wird ein eindeutiges Lesen möglich.

B äume, Getreidesäcke und landwirtschaftliche Geräte, die auf dieser Eigentumsurkunde (links) abgebildet sind, gehörten dem, dessen Hand man als Unterschrift oben auf diesem Täfelchen aus Niedermesopotamien (4. Jahrtausend v. Chr.) sieht.

M an findet auch Keilschrifttexte auf Monumenten und Statuen, wie z. B. auf diesem sumerischen Votivfigürchen eines Hundes (1900 v. Chr.), welcher der Göttin Ninisinna (die ihr Ohr den Gebeten leiht) geweiht ist.

Juristische Gesetzbücher, wissenschaftliche Abhandlungen oder literarische Kunstwerke: Von jetzt an kann die Schrift alles festhalten.

Die Akkader, die semitischen Vorfahren der Araber und Hebräer, beherrschen schließlich ganz Mesopotamien. Ihre Vorherrschaft führt bald dazu, daß man um das Jahr 2000 v.Chr. im Land nur noch Akkadisch spricht.

Die Piktogramme stehen sowohl für Ideen als auch für Dinge.

Ein Vogel und ein Ei nebeneinander bedeuten: Fruchtbarkeit.

Mehrere Striche unter dem Himmelsbogen bedeuten: Nacht.

Zwei gekreuzte Striche stehen für: Feindschaft.

Zwei parallele waagrechte Striche bedeuten: Freundschaft.

Die Keilschrift wird in dieser Zeit zu einer echten Schrift:
Man kann damit nicht nur das Akkadische, sondern
auch noch die alte sumerische Sprache schreiben, die
inzwischen zur heiligen Sprache wurde (etwa wie heute
das Kirchenlatein).

Auch das Königreich Babylon, das sich ab 1760 v.Chr.
entwickelt, und später das Assyrer-Reich im Norden
übernehmen die Keilschrift.

Die Schrift, aus den Bedürfnissen des Rechnungs-
wesens geboren, wird bei den Bewohnern Mesopotamiens
nach und nach zur Merkhilfe, später zum Mittel, um die
gesprochene Sprache festzuhalten, vor allem aber zu einer
neuen Art, sich mitzuteilen. So erfinden die Sumerer,
Akkader, Babylonier und Assyrer den Briefwechsel, die

Entwicklungsschema des Ideogramms König (ein Mann und eine Krone) zwischen 2500 und 600 v.Chr.

Archaische Epoche, III. Dynastie: um 2500 v.Chr.

Epoche von Agade: um 2250 v.Chr.

Post und sogar Brief-
umschläge aus Ton. Neben
tausend anderen wichtigen
Dingen kann man mit
der Keilschrift religiöse
Hymnen, Wahrsageprüche
und auch Literatur auf-
zeichnen. So schreiben
die Sumerer z. B. das
Gilgamesch-Epos, von dem
man zahlreiche verstreute
Fragmente wiedergefun-
den hat.

Epoche der sumerischen Renaissance: um 2035 v.Chr.

Die bedeutendste
Fassung davon ist wohl die,
die in der Bibliothek des
assyrischen Königs Assur-
banipal (669 – 627 v.Chr.)
in Ninive aufbewahrt
wurde. Dieses Helden-
gedicht, ein Vorläufer einiger Legenden aus der
griechischen Mythologie,
insbesondere der Taten des
Herakles, enthält auch
einen ausführlichen
Bericht über die Sintflut,
der lange vor biblischer
Zeit entstand.

Altbabylonische Epoche: um 1760 v.Chr.

Neuassyrische Zeit: um 720 v.Chr.

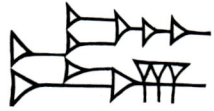

Klassische neuassyrische Form: 7. Jahrhundert v.Chr.

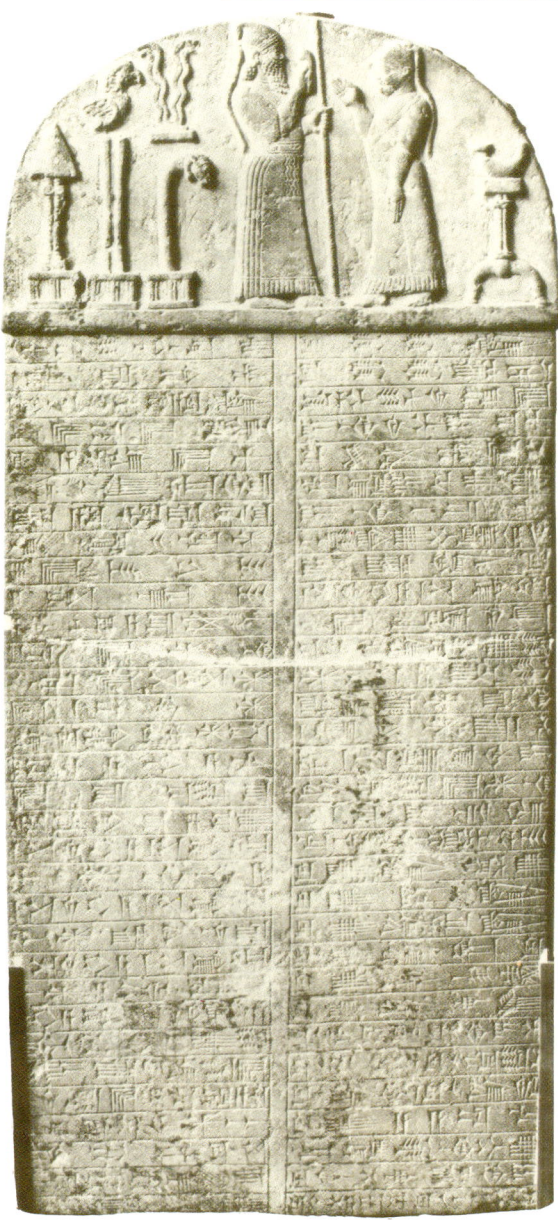

Diese Stele beinhaltet in Wort und Bild die Schenkung des babylonischen Königs Marduk (852–828 v.Chr.) an seinen Priester Kalu (rechts), Schreiber im großen Tempel von Eanna in Uruk, der „die Herzen der Götter besänftigen" sollte. Hinter dem König, zwischen den göttlichen Emblemen, ist das Schreibrohr des Schreibergottes Nabu abgebildet, das qantuppi, das Rohr des Täfelchens.

Unter dem Gefäß mit herausfließendem Wasser, das der Prinz von Lagasch und Gudea trägt (Südmesopotamien, 2150 v.Chr., linke Seite), befindet sich eine Weiheinschrift an Geshtinanna, die Göttin des lebenden Wassers.

Bei aller Fortentwicklung bleibt die Schrift einer Elite vorbehalten, der sie zusätzliche Macht verleiht.

Schreiben und Lesen in Keilschrift ist keineswegs leicht
für die Alten Mesopotamier. Es ist eine Kunst, die nur

Diese Stele (Rekonstruktion rechts) ist eine der sehr seltenen Darstellungen von zwei assyrischen Schreibern. Sie unterrichten den vor ihnen sitzenden Beamten über die Abrechnung der Beute, die 714 v.Chr. bei der Plünderung der Stadt Musasir in Urartu beim achten Feldzug König Sargons II. gemacht wurde. Dem assyrischen Schreiber, der in Keilschrift auf Tontäfelchen schreibt, folgt der aramäische Schreiber, der seinen Papyrus entrollt.

jene beherrschen, die wissen, wie man die verschiedenen
Zeichen ausspricht und interpretiert. Die Schreibmeister gehören sowohl in Babylon als auch in Assur
dem Stand der Aristokraten an, der aufgrund der Schrift-
beherrschung über mehr Informationen verfügt als alle
anderen. Daher ist er oft sogar mächtiger als die analpha-
betischen Höflinge oder der Herrscher selbst. An den
privilegierten Schreiberschulen geht es streng zu, wie

zahlreiche überlieferte Dokumente und Hausaufgaben
von Schülern aus Mesopotamien bezeugen. Schreiben und
lesen zu können bedeutet damals schon Macht und Einfluß und ist ein Privileg geblieben.

Die sehr schlecht
erhaltene Inschrift
ist schwer zu lesen, aber
ihren Inhalt hat man
aus Siegelabwicklungen
und Parallelinschriften
erschlossen. Der Text,
welcher auf dem oberen
Teil des Reliefs noch
sichtbar ist (auf der
Rekonstruktion nicht
wiedergegeben), bein-
haltet einen Auszug aus
den Annalen des Königs
Sargon II.: „[Und diese
Nationen] zogen mein
Joch. (…) Mirodah-
Baladan von Bit-Yakin,
König von Chaldaea
(…) zählte auf den Fluß
Amer und seine Über-
schwemmung [, um ihn
zu verteidigen,] und
mißachtete die bei den
Göttern gelobten
Verpflichtungen zur
Entrichtung seines
Tributes…"

Mit der in Mesopotamien erfundenen Schrift werden schließlich auch völlig fremde Sprachen geschrieben.

Die Keilschrift ist die erste Schrift, die sich an andere
Sprachen als das Akkadische anpassen kann: So über-
nimmt z. B. das Elamitische, die Sprache des Landes Elam
mit der Hauptstadt Susa (im heutigen Iran), die Keilschriftzeichen.

Noch erstaunlicher ist die Übernahme der Keilschrift
durch die Hethiter: Dieses anatolische Volk (im Gebiet
der heutigen Osttürkei) besitzt zwischen 1400 und
1200 v.Chr. eine hochstehende Kultur und spricht eine
indoeuropäische Sprache, die sich erheblich vom

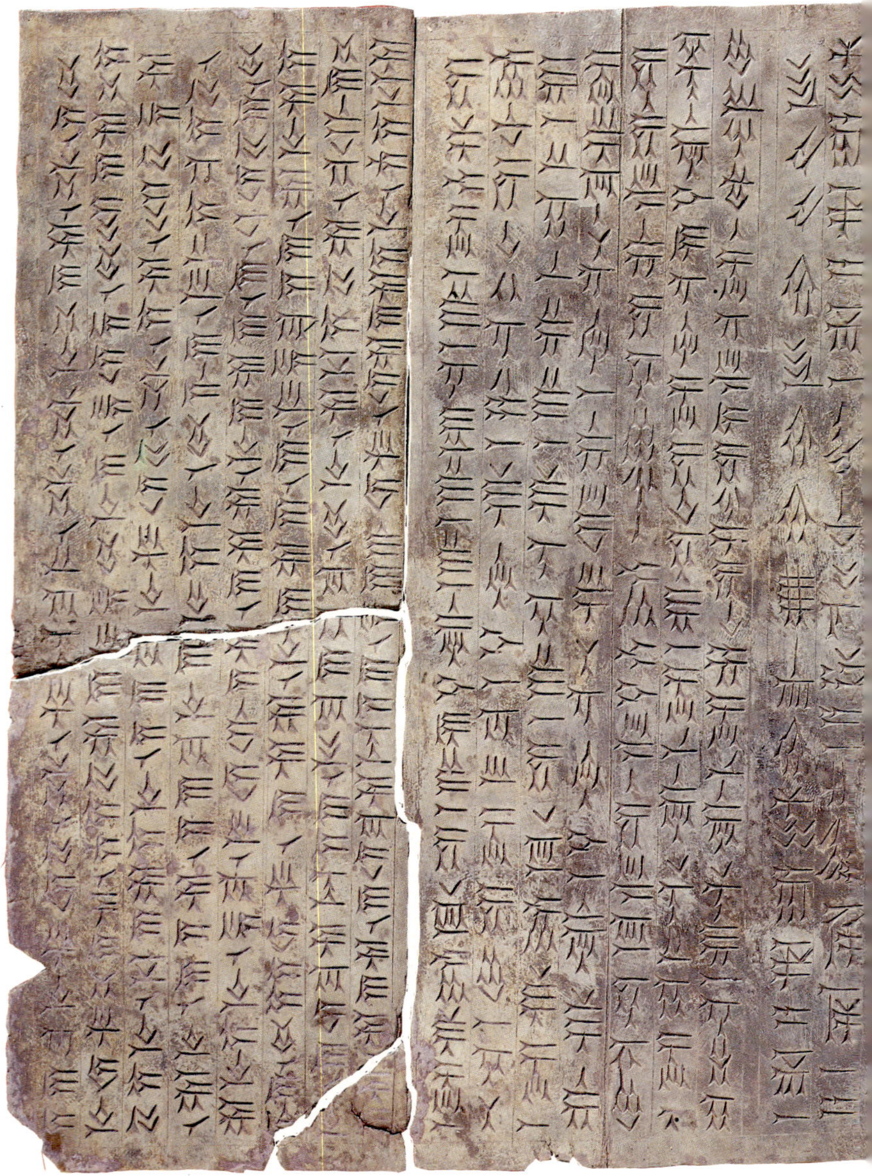

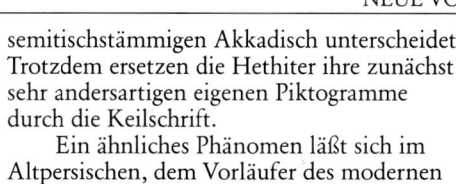

semitischstämmigen Akkadisch unterscheidet. Trotzdem ersetzen die Hethiter ihre zunächst sehr andersartigen eigenen Piktogramme durch die Keilschrift.

Ein ähnliches Phänomen läßt sich im Altpersischen, dem Vorläufer des modernen Persisch, feststellen: Im Perserreich, welches ungefähr dem heutigen Iran entspricht und das gegen 500 v.Chr. den Zenit seines Ruhms erreicht, benutzt man ebenfalls die Keilschrift.

So verbreitet sich die im Zweistromland entstandene Keilschrift zwischen dem 3. und 1. Jahrtausend im Süden bis nach Palästina, wo Kanaanäisch gesprochen wird, und im Norden bis nach Armenien mit dem Urartäischen. Die verschiedensten Kulturen machen sie sich zu eigen, und die unterschiedlichsten – oftmals nicht oder nur weit entfernt verwandte – Sprachen werden damit niedergeschrieben. Doch ohne diesen Übergriff auf andere Sprachen wäre es den Gelehrten wohl nie gelungen, die Geheimnisse der Keilschrift zu entziffern.

Zum Schreiben auf Metall benutzt man einen Stichel. Diese Silberplatte (links), Darius I. (522–486 v.Chr., König der Perser) zugeschrieben, dokumentiert die Spätform der Keilschrift und zeigt die Vielfältigkeit dieser Schrift, mit der sowohl das Babylonische (mittlerer Teil) als auch das Elamitische (rechter Teil) und das Altpersische (linker Teil) aufgezeichnet werden können. Die sehr figürlichen hethitischen Piktogramme (unten) breiten sich zwischen 1400 und 1300 v.Chr. aus.

ZWEITES KAPITEL

DIE GÖTTLICHE ERFINDUNG

W ährend sich die Keilschrift über ganz
Mesopotamien verbreitet, entstehen
und blühen andere Schriftsysteme im nahen
Ägypten und im fernen China. An allen Enden
der Welt machen sich die Menschen daran,
ihre Geschichte auf Stein, Ton oder Papyrus zu
schreiben. Und alle sehen darin ein göttliches
Geschenk.

G ötterfiguren mit
Weiheinschriften:
Re Harachte, dem der
Harfner seine Musik
widmet (links);
Thot, Gott der Schrift
und Schutzherr der
ägyptischen Schreiber,
inspiriert Nebmertuf
zur Literatur (rechts).

Die Geschichte des Alten Ägypten wäre wohl zum größten Teil unbekannt geblieben, hätten nicht Jean-François Champollion und die Ägyptologen das Geheimnis der Hieroglyphenschrift gelüftet.

Hier haben wir es im Unterschied zur strengen, geometrischen, abstrakten Keilschrift mit einer faszinie-

Diese Hieroglyphenzeichen (links) stehen in einer Kartusche, d. h. in einer Einrahmung, die anzeigt, daß es sich um einen heiligen Namen handelt: hier Ramses IX., König von Ober- und Unterägypten im 12. Jahrhundert v.Chr.

Das Hieroglyphenband (rechts) ist ein Fragment aus dem Totenbuch. Man liest es von oben nach unten. Die beiden Skarabäen bedeuten: ins Dasein treten; dazwischen steht das Zeichen für Mund für: sprechen. Als Fragment läßt sich das Band kaum übersetzen, aber in diesem Ausschnitt wird das Kommen von jemandem oder einer Sache angekündigt.

renden, poetischen und gleichsam lebendigen Schrift zu tun. Denn sie besteht aus stilisierten Zeichnungen: menschlichen Köpfen, Vögeln, verschiedenen anderen Tieren, Pflanzen und Blüten.

Sumerer und Ägypter wohnen in ähnlichen geographischen Räumen, und ihre Kulturen weisen augenfällig gemeinsame Züge auf. Daher suchen die Gelehrten bis heute nach Gemeinsamkeiten zwischen den Piktogrammen der Sumerer und den Hieroglyphen der Ägypter.

Aber bislang existieren nur Hypothesen, und die Forschung ist noch keineswegs abgeschlossen.

Die Alten Ägypter glauben, der Gott Thot persön- lich habe die Schrift geschaffen und sie dann den Menschen geschenkt.

Das Wort Hieroglyphe, das für die Zeichen der ägyptischen Schrift verwendet wird, bedeutet wörtlich: heilige
Schrift (griechisch hieros = heilig und glyphein = ein-
meißeln).

Die frühesten Hieroglyphenfunde stammen aus dem
3. Jahrtausend v.Chr., aber es scheint, als sei die Schrift
noch früher entstanden. Jedenfalls hat sie sich bis etwa
390 n.Chr., als Ägypten längst von den Römern beherrscht
wird, nicht nennenswert verändert. Im Lauf der Jahrtausende hat sich jedoch die Zahl der Zeichen beträchtlich
erhöht, von etwa 700 auf ungefähr 5000.

Im Unterschied zu ihren sumerischen Nachbarn schaf- fen die Ägypter von Anfang an ein graphisches System, mit dem sie alles ausdrücken können.

Während bei den Mesopotamiern die primitiven Aufzeichnungen sich nach und nach von Erinnerungshilfen
zu einer Schrift entwickeln, sind die Hieroglyphen
schon in den frühesten Zeugnissen eine echte Schrift:
Sie geben die gesprochene Sprache (die man in Resten bis
ins heutige Koptisch verfolgen kann) wieder und sind in
der Lage, konkrete und abstrakte Realitäten auszudrücken.
So schreibt man damit ebenso Texte zur Landwirtschaft,
Medizin und Erziehung wie auch Gebete, Legenden,
Rechtstexte und Literatur jeglicher Art.

Die Originalität und Vielfalt dieser Schrift rühren
daher, daß sie aus drei Arten von Zeichen besteht: aus
Piktogrammen, stilisierten Bildzeichen für Dinge und
Lebewesen, die in bestimmten Zeichenkombinationen
auch Gedanken ausdrücken können; aus *Phonogrammen*,
oft denselben Zeichen, die jedoch Laute ausdrücken (die
Ägypter benutzen ein ganz ähnliches Bilderrätselsystem
wie die Sumerer); und schließlich aus Determinativen,
also Zeichen, die verdeutlichen, um welche Art Ding oder
Lebewesen es sich handelt.

Die Wände des Tempels von Karnak in Theben erlauben zwei Betrachtungsweisen: Einerseits „liest" man die Personengruppen, andererseits die Hieroglyphenzeichen, die man jedoch auch nur wegen ihrer graphischen Schönheit betrachten kann.

Die sogenannten Phoneme lassen sich in drei Klassen einteilen: solche mit einem, zwei oder drei Buchstabenwerten. Das Bild unten ist ein zweibuchstabiges Zeichen, das hn gelesen wird.

Beim Entziffern der Hieroglyphen bereiten das Betrachten und das Verstehen Vergnügen.

Dieses graphische System ist im wahrsten Sinn des Wortes eine Schrift der Götter. Im allgemeinen kommen die Namen von Göttern und göttlichen Pharaonen in den Texten als *Kartuschen* vor, damit der heilige Charakter der Worte ins Auge springt.

Am häufigsten werden die Hieroglyphenzeilen von rechts nach links gelesen, wobei die Leserichtung jedoch erst durch die Haltung menschlicher Köpfe oder die Blickrichtung der Vögel festgelegt wird: Der Leser soll auf das Gesicht oder den Schnabel zu lesen. Das ist nicht immer ganz leicht. Wenn sich z. B. eine Inschrift an den Mauern eines Tempels in der Nähe der Statue eines wichtigen Gottes oder eines Pharaos befindet, wenden sich die Gesichter in der Inschrift dieser zu, was natürlich die Leserichtung ändert und das Verständnis

erschwert. Die Hieroglyphen können genausogut von
oben nach unten bzw. von links nach rechts verlaufen und
in der darauffolgenden Zeile umgekehrt. Letzteres bezeichnet man als Zweiläufigkeit (boustrophedon), d.h.
wörtlich: wie ein Ochse, der hin- und hergeht, wenn der
Pflüger die Furchen zieht.

Die Hieroglyphen sind jedoch auch in anderer
Hinsicht eine „Schrift der Götter". Denn überall auf
Tempelmauern und Grabwänden werden die zahlreichen
Götter des Alten Ägypten verherrlicht, ja die Hieroglyphen selbst sind geheiligte Zeichen. Durch das Einmei-
ßeln der Texte auf Tempel- oder Grabwände, durch das
Festhalten der Inhalte im „ewigen" Material Stein, werden
die Texte selbst und mit ihnen die Schriftzeichen ewig
und heilig.

Ob sie in Stein gemeißelt, gezeichnet oder gemalt
sind, vermitteln die Hieroglyphen durch ihre Schönheit
einerseits eine Botschaft und sind gleichzeitig visuelle
Gedichte, die nach Meinung der Alten Ägypter nur aus
göttlicher Eingebung kommen konnten.

Auch für uns heute ist der Zauber der heiligen
Bildzeichen noch spürbar. Selbst wenn wir sie nicht lesen
können, faszinieren uns doch die fein ziselierten Formen.

Die Hieroglyphen
(links) liest man
von links nach rechts.
Das erste Zeichen
bedeutet hb, das zweite
ist ein Determinativ:
Das Bein zeigt, daß es
sich um ein Wort han-
delt, das mit dem Fuß
zu tun hat. Das dritte ist
ein Figurenpiktogramm:
ein Tänzer. Das Ganze
bedeutet: tanzen.

Obgleich die ägyptische Schrift göttlich ist, wird sie nicht ausschließlich für religiöse Inhalte benutzt.

Die zahlreichen Monumente und Dokumente, die man in Ägypten wiederentdeckte, enthüllen wie schon die Keilschrift die vielfältigen Aspekte einer sehr hochstehenden Zivilisation. Die Schrift erlaubt es den Alten Ägyptern, ihre eigene Geschichte aufzuzeichnen, Königslisten anzulegen oder von wichtigen Begebenheiten wie königlichen Hochzeiten und Schlachten zu erzählen. Überall,

Dieses Königliche Lineal bestimmt die Maßeinheit. Es hat die Länge einer Königlichen Elle (52 cm) und ist in 28 Finger von je 1,86 cm unterteilt, die wieder zu Handflächen von je 4 Fingern = 7,47 cm zusammengefaßt sind. (Weiheellen)

auch in Ägypten, entsteht Geschichte eigentlich erst, wenn die Ereignisse mit Hilfe der Schrift zum ersten Mal in ein chronologisches System gebracht werden. Daneben dient die Schrift auch dem Rechnungswesen, erlaubt,

Gesetze festzuschreiben und Verkaufs- und Ehever-
träge anzufertigen. Und sie ist Träger der Literatur.

Die altägyptische Literatur ist von ungeheurem
Reichtum. Sie umfaßt die verschiedensten Sparten:
moralische Maximen, Hymnen an Götter und Könige,
historische Erzählungen und Abenteuerromane,
Liebeslieder, epische Gedichte und Tierfabeln. Zu den
bekanntesten Literaturdenkmälern gehört das Totenbuch, das während der 19. Dynastie, also im 13. Jahrhundert v.Chr., in Hieroglyphen niedergeschrieben

Der Kalender von
Elephantine (links
unten) wird zur Regie-
rungszeit von Thut-
mosis I. (um 1450 v.
Chr.) in einem Tempel
angelegt. Er verzeichnet
die Weihegaben, die
den Göttern jährlich
darzubringen sind, und
zwar am Tag, an dem
der Stern Sothis (unser
Sirius) am Horizont auf-
taucht. Verzeichnet ist
als Sothisdatum der
28. Tag im dritten Som-
mermonat. Das Zeichen
Stern ist in der Mitte
der dritten Rubrik von
rechts zu sehen.

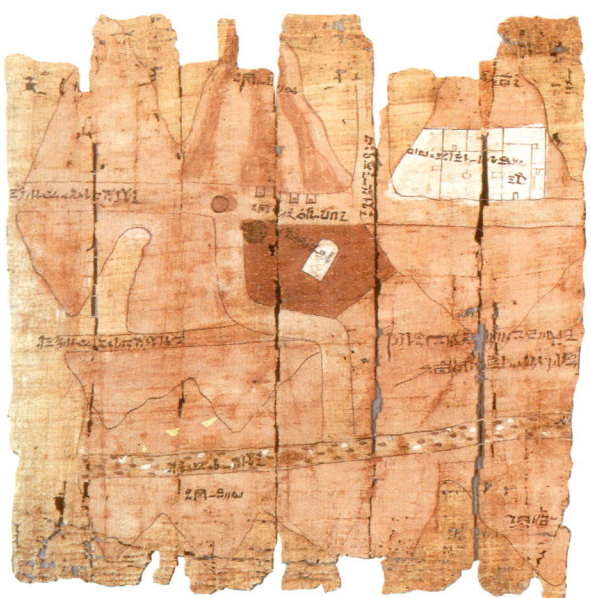

Auf dem „Papyrus
der Goldminen"
aus der 20. Dynastie
(um 1100 v.Chr.) sind
vier Bergketten darge-
stellt: oben die Gold-
berge mit den Minen.
Die kleinen Häuser am
Fuß der Berge gehören
den Arbeitern, der
weiße Tempel rechts ist
dem Gott Amun ge-
weiht. Die Hauptstraße
unten ist mit Steinen
gepflastert.

wurde. Nicht zu vergessen sind auch die geographischen und naturwissenschaftlichen Texte sowie alle
Schriften über Weissagekunst, Magie, Medizin,
Pharmazie, Küche, Astronomie und Zeitmessung.
Letztere erreichen nicht zuletzt dank der Schrift eine
erstaunliche Genauigkeit: Im 3. Jahrtausend v.Chr.
führt man anstatt des Mondkalenders den Sonnen-
kalender mit 365 $\frac{1}{4}$ Tagen pro Jahr ein.

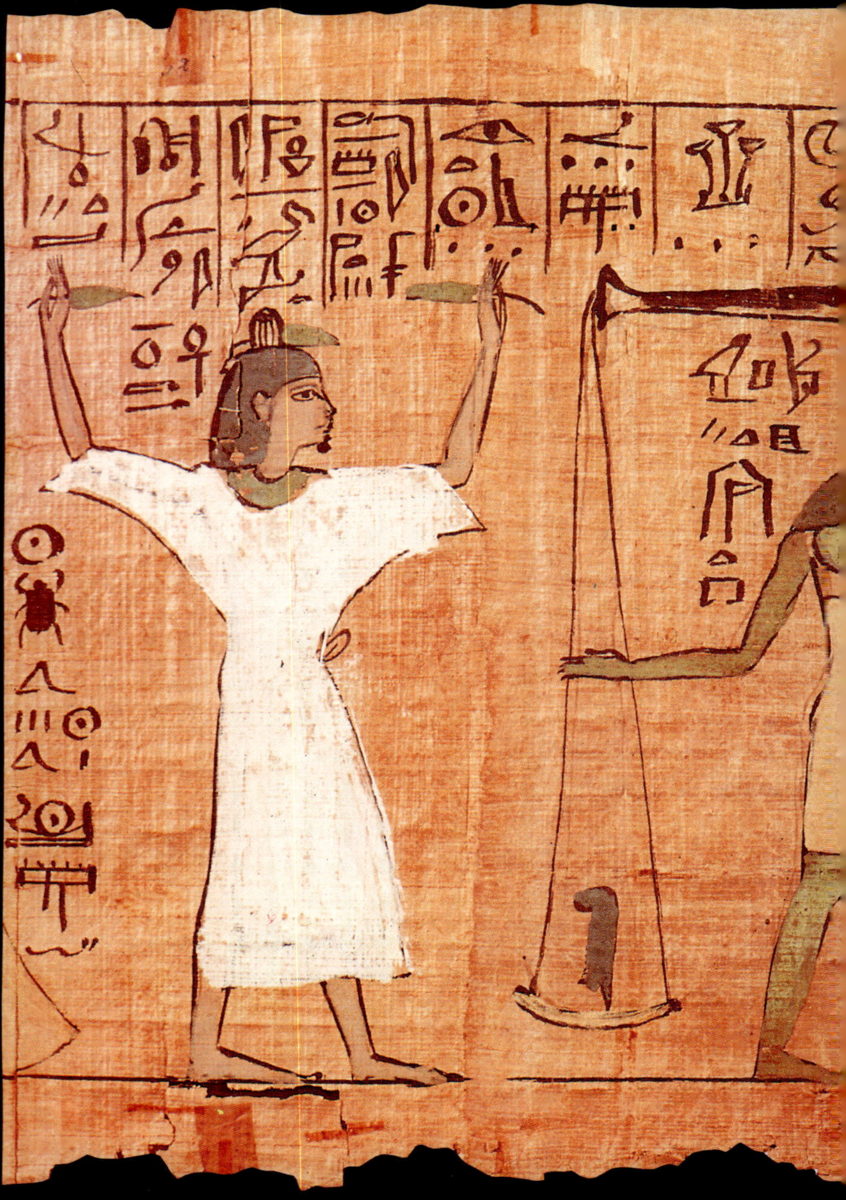

Die Seelenwaage

In der 19. Dynastie (zweite Hälfte des 14. Jahrhunderts v.Chr.) bekommen die Verstorbenen das Totenbuch mit ins Grab. Aus diesem Buch liest der Priester während der Begräbnisfeierlichkeiten vor. Es ist entweder eine Rolle aus Papyrus, aus Leder oder aus Leinen, die mit vielen kolorierten Bildern verziert ist. Der genaue Titel lautet „Buch vom Herausgehen am Tage". In den Texten werden ausführlich die Episoden der Wiedergeburt zum ewigen Leben beschrieben. Dazu gehört das Wiegen der Seelen: Das Herz des Toten liegt auf der einen Waagschale, auf der anderen befindet sich die Feder der Maat, der Gerechtigkeit und Wahrheit. Die Waage muß im Gleichgewicht sein. Der schakalköpfige Gott Anubis in der Mitte kontrolliert die Ablesung. Rechts sitzt die Große Verschlingerin und wartet darauf, die Seele des Verstorbenen in Stücke zu reißen, falls das Urteil zu seinen Ungunsten ausfällt. Die Szene wird durch die Hieroglyphentexte geschildert.

Chnum und die Totengottheiten

Der Verstorbene vor dem widderköpfigen Gott der Unterwelt, Chnum. Dieser steht auf einer seltsamen doppelköpfigen Kreatur über einer Schlange. Kennt der Tote die in Hieroglyphenschrift beigegebenen Beschwörungsformeln, kann er die Schlange überwinden und wird nicht von den Würmern gefressen. Das Verlesen der magischen Totenbuchtexte garantiert die Auferweckung zum ewigen Leben.

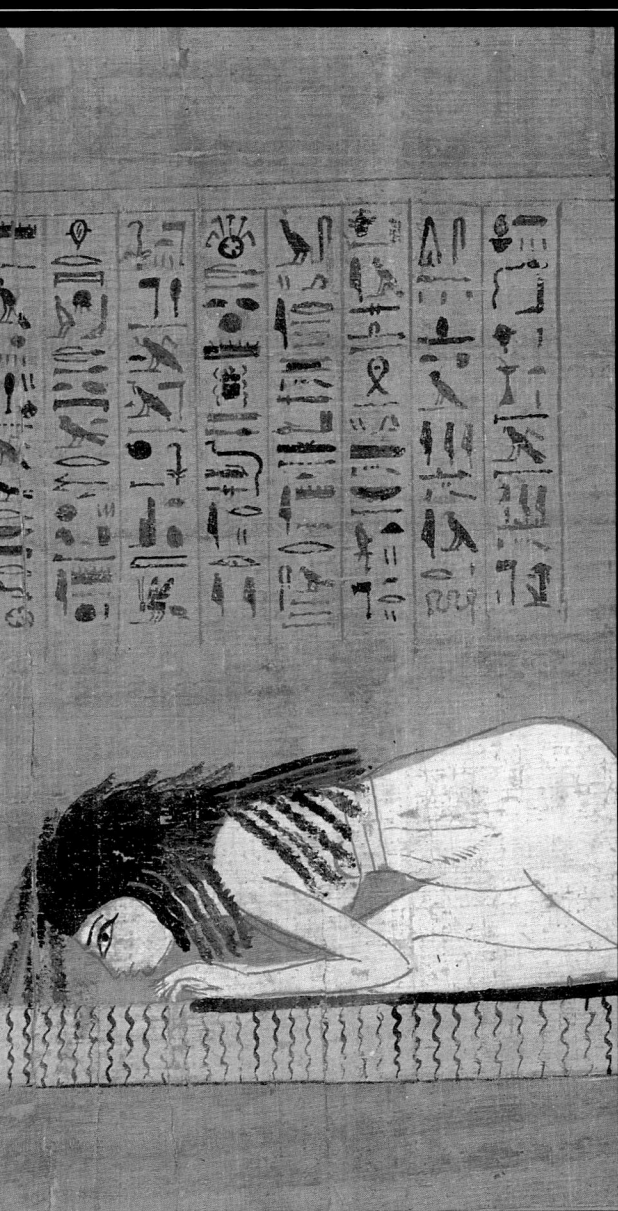

Die Anbetung des Krokodils

Nachdem die Verstorbene die beschriebenen Prüfungen bestanden hat, kostet sie die Wonnen des Schilffelds, des ägyptischen Paradieses. Sie verneigt sich vor dem Krokodil Sobek, dem Gott der Fruchtbarkeit, und ruft durch ihn die Fluten des Nils an. Die magischen Formeln in Hieroglyphenschrift schützen sie davor, ein zweites Mal zu sterben oder mit dem Kopf nach unten zu wandeln.

Der hockende Schreiber, aus bemaltem Kalkstein und mit Augen aus Alabaster, Bergkristall und Ebenholz, übte seine Kunst und seinen Beruf wahrscheinlich in der 4. Dynastie (2620–2500 v.Chr.) aus. Die Statue verkörpert Konzentration und Unbeweglichkeit und wird so zum Urbild des schreibenden Menschen. Die rechte Hand schreibt, die linke entrollt den Papyrus.

Um diesen Text in hieratischer Kursiv-schrift sind einige Instrumente angeord-net, deren sich die Schreiber bedienten: links ein Etui mit gespitzten Schreibroh-ren, unten eine Platte, die als Schreibunterlage und zum Glätten des Papyrus diente. Die bei-den Näpfchen waren mit schwarzer und roter Tinte gefüllt (rot für die Götternamen). Rechts daneben ein Messer zum Schneiden des Papyrus.

Ebenso wie in Mesopotamien ist auch in Ägypten die Kunst des Lesens und Schreibens ein Privileg, das Macht verleiht.

Die Schreiber sind nicht nur Meister der Schrift, sondern kontrollieren damit auch die Ausbildung. Denn jeder Unterricht ist zunächst und vor allem Schreibunterricht. Insbesondere im Hinblick auf die Vielfalt der Hiero-glyphen erweist sich der Unterricht als sehr schwierig. Die Kinder treten etwa mit sechs Jahren in die Schule ein, bleiben aber in der Regel nur wenige Jahre. Die begabte-sten jedoch studieren bis ins Erwachsenenalter hinein weiter. Der Unterricht der ägyptischen Lehrer umfaßt Gedächtnis- und Leseübungen. Stundenlang müssen die Schüler im Chor psalmodieren. Schreiben lernt man durch Abschreiben und Diktate, zunächst kursiv *(hieratisch)*, dann in Hieroglyphen. Wenn man einer ägyptischen Redensart glauben kann, werden körperliche Strafen an-gewandt: „Das Ohr des Jungen ist auf seinem Rücken: Er hört, wenn man ihn schlägt." Für Faulpelze gibt es sogar Gefängnisstrafen.

Schüler üben nach dem Diktat ihres Lehrers Schreiben. Jeder von ihnen hält ein Schreibrohr in der Rechten und die Papyrusrolle in der Linken.

Die harte Ausbildung lohnt sich jedoch, denn die Schreiber bilden eine mächtige Kaste. Sie werden oft am königlichen Hof beschäftigt, was ihnen zuweilen großen Einfluß verleiht – vor allem dann, wenn der Pharao selbst sich damit begnügt, ein Gott zu sein, und darauf verzichtet, lesen, rechnen und schreiben zu lernen.

Im Gegensatz zu ihren mesopotamischen Kollegen besitzen die ägyptischen Schreiber eine Reihe verschiedener Schreibmaterialien: neben Stein und Ton den biegsamen und handlichen Papyrus.

Vor 5000 Jahren benutzen die Schreiber schon Papier, Tinte und Feder.

Papyrus ist eine Pflanze, die in den Sümpfen des Niltals und -deltas in großen Mengen vorkommt. Daraus fertigt man zahlreiche Alltagsgegenstände: Seile, Sandalen, Segel... Aus seinen faserigen Stengeln läßt sich ein Material herstellen, das die Welt der Schrift revolutioniert: das Papier. Man schneidet den Stengel der Pflanze in dünne Streifen und legt sie parallel nebeneinander, so daß sie sich leicht überlappen. Eine zweite Lage kommt quer darüber, wodurch man ein Blatt mit glatter, weicher Oberfläche erhält, das man trockenpreßt und anschließend poliert. Schließlich klebt man etwa zwanzig Blatt mit Stärkekleister zu einer mehrere Meter langen Bahn zusammen, die dann gerollt wird.

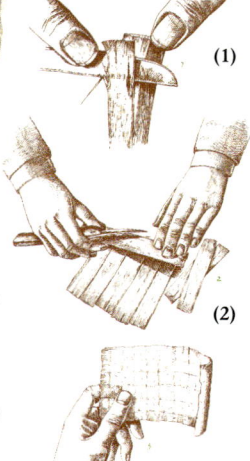

(1)

(2)

(3)

Die Papyrusstengel werden in feine Streifen geschnitten (1). Diese legt man waagerecht nebeneinander und eine zweite Lage der Streifen senkrecht darüber (2). Dann wird der Papyrus geglättet und beschnitten (3).

Der Schreiber arbeitet im Schneidersitz, wobei er den Papyrus auf seinen gestärkten Schurz zwischen den Knien legt. Dabei wickelt er die Rolle mit der linken Hand ab, beschreibt den Papyrus und rollt ihn mit der rechten Hand wieder auf. Je nach Text können die Rollen unterschiedlich lang sein. Der längste erhaltene Papyrus mißt ca. 40 m.

Zum Schreiben benutzt man ein etwa 20 cm langes Schilfrohr, dessen Ende je nach Bedarf plattgehämmert oder schräggeschnitten ist. Die schwarze, dickflüssige und sehr haltbare Tinte besteht aus einer Mischung aus Rußpulver und Wasser; als Bindemittel wird *Gummiarabikum* zugesetzt. Titel, Überschriften und Kapitelanfänge werden mit roter Tinte geschrieben, die aus Zinnoberpulver, einer Quecksilber-Schwefel-Verbindung, oder aus Bleioxid besteht.

Seit dem 13. Jahrhundert v.Chr. ist die Papyrusherstellung Staatsmonopol. Das Material wird ins gesamte Mittelmeergebiet exportiert und ist für Ägypten eine wichtige Einnahmequelle. Aber im Landesinneren selbst schlägt sich das Monopol auf den Papyruspreis – zum Ärger von Schreibern und Schülern. Die Zahl der *Palimpseste*, der Papyrusstücke, von denen man den ursprünglichen Text abkratzt, um sie wiederzuverwenden, deutet darauf hin, daß der Preis für neuen Papyrus sehr hoch ist. Außerdem weicht man für weniger wichtige Aufzeichnungen auf den billigeren Kalkstein oder Ton aus.

Auf diesem Grabgemälde füllen Arbeiter Getreide in Scheffel, die ein Helfer zählt. Die Schreiber, die gleichzeitig Steuerbeamte sind, notieren alles.

Leder hingegen, das auch die Alten Ägypter schon als Schreibmaterial kennen, das aber noch teurer ist als Papyrus, bleibt ausschließlich Texten von großer Bedeutung vorbehalten.

Um den Anforderungen des Alltags gerecht zu werden, entstehen aus den Hieroglyphen zwei neue Schriftformen.

Hieroglyphen auf Papyrus zu zeichnen, erfordert viel Geduld und Genauigkeit. Außerdem ist diese Schrift mit ihren zierlichen Bildern nicht für jene Schreibarbeiten des täglichen Lebens geeignet, die besonders schnell vonstatten gehen müssen. So erfinden die Schreiber fast gleichzeitig mit der Hieroglyphenschrift eine Kursivschrift (lat. currere = laufen). Man nennt sie auch hieratisch (priesterlich), denn offenbar wird sie ursprünglich von den Priestern benutzt, wie der griechische Historiker Herodot überliefert. Diese Schrift besteht aus denselben Elementen wie die Hieroglyphenschrift (Ideogrammen, Phonogrammen, Determinativen), aber diese sind oft ineinander verschlungen und weichen langsam vom ursprünglichen Bild ab, d.h. werden immer abstrakter.

Um 650 v.Chr., noch während die Hieroglyphen und das kursive Hieratisch in Gebrauch sind, taucht eine übersichtlichere, flüssigere Kursivschrift auf, deren Buchstaben zusammenhängen und die man wie das Hieratische von links nach rechts liest. Diese demotische oder Volksschrift entwickelt sich zur Gebrauchsschrift in Ägypten. Auf dem berühmten Stein von Rosette, anhand dessen Champollion das Geheimnis der Hieroglyphen entziffert, steht derselbe Text in Hieroglyphen, in Demotisch und Griechisch. Für Nichtspezialisten ist kaum zu erkennen, daß es sich bei den demotischen Zeichen und den Hieroglyphen um ursprünglich dieselbe Schrift handelt.

Bis heute haben sich Spuren des Demotischen erhalten: So sind nicht nur im Koptischen noch Elemente des Altägyptischen erhalten, sondern in der koptischen Schrift haben auch einige Zeichen des Demotischen überlebt. Champollion geht also zu Recht davon aus, daß man vor allem die koptische Schrift lesen können müsse, um die altägyptische Schrift zu verstehen.

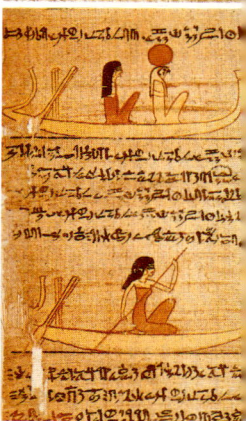

Auf einer Stele im Grab des Nefer und Ka-hay ernten Arbeiter die Papyrusstengel. Man zieht die Pflanze aus dem schlammigen Boden und transportiert sie in Bündeln auf dem Rücken zu den Trockenplätzen.

Durch die Einführung des Papyrus als Schreibmaterial entsteht eine Kursivschrift, die fast ebenso alt ist wie die Hieroglyphenschrift, von der sie sich ableitet. In ihrer Spätform, dem Demotischen, sind die ursprünglichen Hieroglyphenbilder kaum mehr wiederzuerkennen.

Ist das Geheimnis der Schriften Mesopotamiens und Ägyptens auch gelöst, gelingt es doch bis heute nicht, die alte kretische Schrift zu entziffern.

Im 2. Jahrtausend v.Chr., als die Keilschrift ihre endgültige Form annimmt, die ägyptische Kultur sich über die Landesgrenzen hinaus ausbreitet und die Hieroglyphentexte immer zahlreicher werden, entwickeln sich auf Kreta

und auf dem griechischen Festland Schriften, die die Gelehrten bis heute vor Rätsel stellen.

In den Ruinen der kretischen Stadt Knossos entdeckt man seit der Mitte des 19. Jahrhunderts immer mehr Fragmente mit Inschriften. Die Zeichen darauf werden entweder in Siegel aus Steatit (einem weichen, leicht zu bearbeitenden Stein) oder in Ton gegraben, wie es bei dem berühmten Diskus von Phaistos der Fall ist: 1906 entdecken italienische Archäologen auf Kreta eine Tonscheibe, die auf beiden Seiten von 45 spiralförmig angeordneten Zeichen bedeckt ist. Erst 1982 gelang es, den Text auf den beiden Seiten des Diskus zu entziffern: Im Text wird um die Weissagung eines gnädigen Götterschicksales gebeten.

Der Diskus von Phaistos mit seinen 45 Zeichen ist mit Hilfe der Stratigraphie ins 17. Jahrhundert v.Chr. datiert worden. Die Zeichen sind Bilder von Tieren, Gebrauchsgegenständen und Häusern. Die Zahl der verwendeten Zeichen und die Anordnung von zwei oder drei Zeichen pro Wort lassen vermuten, daß es sich um eine Silbenschrift handelt.

Das chinesische Siegel aus Jade ist die Urform des Druckerstempels.

Bei der chinesischen Schrift wird die Bedeutung durch die Schlüsselzeichen, die neben einen Buchstaben geschrieben werden, festgelegt. Insgesamt gibt es davon 214. Das Zeichen für: können (c), dem der Schlüssel für: Wasser (a) vorangestellt ist, bedeutet Fluß (d). Das gleiche Schlüsselzeichen ergibt neben dem Zeichen für: Wort (b) die Bedeutung: kritisieren (e).

Am anderen Ende der Welt, in China, erfindet man 2000 Jahre vor unserer Zeitrechnung eine Schrift, die heute noch in Gebrauch ist.

Die chinesische Schrift ist ein Ausnahmefall: Obgleich sie im 2. Jahrtausend v. Chr. entsteht, etwa 1500 v. Chr. kodifiziert und zwischen 200 v. Chr. und 200 n. Chr. in ein geordnetes System gebracht wird, gleicht sie entschieden

(a)

(b)

(c)

(d)

der Schrift, die die Chinesen noch heute lesen und schreiben.

In Ägypten und Mesopotamien hat vor vielen Jahrhunderten die arabische Schrift die Hieroglyphen und die Keilschrift abgelöst. Die chinesische Schrift aber ist die gleiche geblieben. Zwar schrieb, besser gesagt, kalligraphierte man die chinesischen Zeichen früher mit Pinsel und Tusche, während die Chinesen heute Füller und Kugelschreiber benutzen und Schreibmaschinen und Drucker mit Zeichen ohne Auf- und Abstriche einsetzen. Aber abgesehen von gewissen vereinfachenden Maßnahmen ist die chinesische Schrift im wesentlichen so, wie sie ursprünglich war.

(e)

Ebenso wie die altägptische hat auch die chinesische Schrift ihre Wurzeln in der Mythologie.

Nach der chinesischen Überlieferung soll Kaiser Huang-Tse, der angeblich im 26. Jahrhundert v.Chr. lebte, die Schrift erfunden haben, nachdem er die Himmelskörper und die Naturerscheinungen, besonders die Spuren von Vögeln und anderen Tieren studiert hatte. Der Dichter Wu Weiye schreibt, schon Huang-Tse selbst habe die Schrift für die schlimmste aller Erfindungen gehalten: „Huang-Tse weinte des Nachts; und er wußte, warum."

Weniger mythologisch ist jedoch ein Fund, bei dem 1898/99 nach dem Hochwasser eines Nebenflusses des Hwangho Fragmente von Schildkrötenpanzern und Hirschschulterknochen ans Tageslicht kamen. Die Schriftzeichen auf diesen Bruchstücken gelten als die ältesten bekannten Spuren der chinesischen Schrift.

Viviane Alleton, Spezialistin für chinesische Schrift, berichtet, daß „die Priester ihre Fragen auf die eine Seite des Schildpatts schrieben und die Rückseite einem (im Osten entzündeten) Feuer näherten. Die Antwort auf die gestellte Frage las man aus dem Muster der feinen Sprünge (Craquelure), die durch die Hitze entstanden waren. (…) Die Zeichen sind von oben nach unten in Reihen angeordnet; (…) ihrem Prinzip und ihrer Struktur nach entsprechen sie denen, die man heutzutage gebraucht."

Das Piktogramm, Ausgangspunkt und Schlüsselelement jeder Schrift, ist bis heute in den chinesischen Schriftzeichen vorhanden.

In fast allen Kulturen beginnt die Geschichte der Schrift auf die gleiche Weise; bei den Chinesen ebenso wie bei den Sumerern, Ägyptern, Hethitern oder Kretern: Die ersten schriftlichen Äußerungen sind überall Zeichnungen, Bildzeichen oder zusammengesetzte Piktogramme. Einige von ihnen weisen sogar verblüffende Ähnlichkeiten auf, obwohl sie sich in ganz unterschiedlichen Kulturen entwickelt haben. Und überall beginnen sich diese Bildzeichen zu immer abstrakteren Lautzeichen zu entwickeln und lösen sich mehr und mehr in Gestalt und Bedeutung von dem ursprünglich dargestellten Gegenstand.

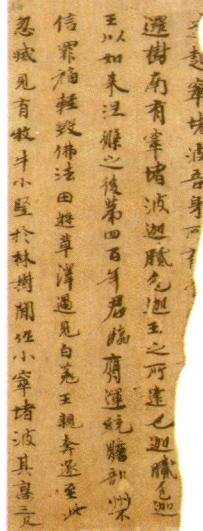

In der chinesischen und japanischen Malerei (Bild rechts) ist die Kalligraphie der Zeichen auch ein semantisches Element. Graphik, Farbe und Intensität der Strichführung verleihen dem Text Verständlichkeit. Die Manuskripte bestehen aus Rollen, welche die buddhistischen Pilger auf dem Rücken durch die Lande trugen.

Bestimmte Pikto-gramme aus den Anfängen der chinesischen Schrift sind bis heute erhalten. Zwischen den alten Formen (links) und den modernen Formen (rechts) liegen 30 Jahrhunderte. Von oben gelesen: Sonne, Berg, Baum, Mitte, Feld, Grube, Tür.

Gerade in der chinesischen Schrift lassen sich aber trotz der langen Geschichte ihres Gebrauchs noch viele der ursprünglichen Bilder erahnen.

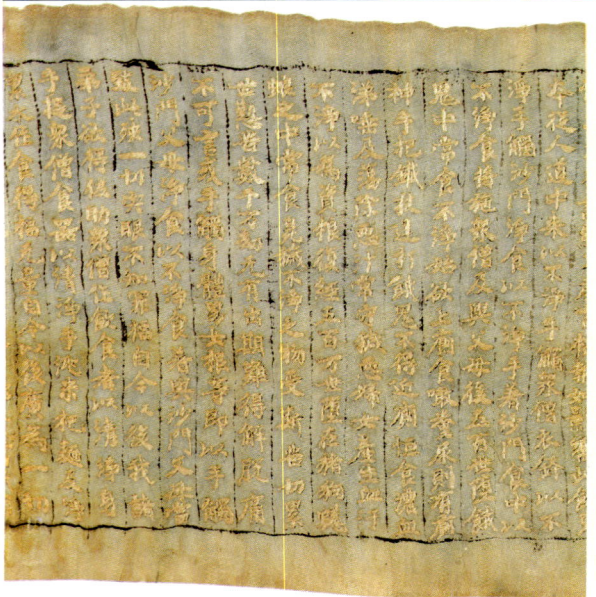

Die chinesische Schrift unterliegt einigen interessanten Gesetzen.

In der Regel werden die Piktogramme im Lauf der Zeit abstrahiert. Allerdings erhalten sich in der chinesischen Schrift sehr deutliche Spuren der ursprünglichen Bildzeichen, die ihr ein erstaunliches kreatives Potential verleihen. Dies zeigt sich bei einer Reihe von Zeichenkombinationen. Fügt man z. B. zum Zeichen für Ohr das Zeichen für Drache, so bedeutet das zusammengesetzte Zeichen: taub.

Eine besonders typisch chinesische Eigenheit ist folgende: Ein einziger gesprochener Laut kann je nach Schreibung Träger verschiedener Bedeutungen sein. So kann shi eine Vielzahl von Begriffen bedeuten: wissen, sein, Kraft, Welt, Predigt, verlassen, legen, Affäre, lieben, sehen, bewachen, zählen auf, laufen, versuchen, erklären, Haus usw. Das heißt mit anderen Worten, daß die Schrift das Hauptelement der sprachlichen Einheit Chinas darstellt, weit mehr als die gesprochene Sprache (die z. B. im Norden völlig anders als im Süden ist).

Die Lehren Buddhas über Fastenzeiten und Armut sind das Thema dieser chinesischen Manuskripts aus vorchristlicher Zeit (links). Die Buchstaben sind Text und zugleich dekoratives Element.

Jedes Zeichen muß in ein Quadrat eingepaßt werden und setzt sich gewöhnlich aus zwei Elementen zusammen: aus einem begrifflichen, das den Sinn bestimmt, und aus einem lautlichen, das Aufschluß über die Aussprache gibt. Die einzelnen Teile des Zeichens müssen in ganz bestimmter Reihenfolge geschrieben werden. Das Alltagschinesisch liest man von links nach rechts, das Chinesisch der Wissenschaften und der Dichtung jedoch von oben nach unten und von rechts nach links.

Die Originalität dieser gemalten chinesischen Seidenrolle aus dem 18. Jahrhundert (rechts) ist durch die Siegelabdrücke des Künstlers gewährleistet. Die Technik der Siegelabdrücke war in China lange vor der Erfindung der europäischen Buchdruckerkunst bekannt.

حَتَّى إِذَا أَغْنَتْنِي مَوَاهِبُهُ وَأَطَالَ خِيَالِي ذَهَبَهُ لَطَفْتُ فِي الِارْتِجَالِ عَلَى مَا
نُرَى مِنْ حُسْنِ الْجِمَالِ فَالْفِضَّةُ لَهُ فَشُكْرُهُ الْمِنْهَاجُ لِلْفِجَارِ السَّمْحِ الْكَرِيمِ
وَانْفَذَلْ مِنْ طَعْمَةِ طَيِّبَةِ الْغَرِيمِ فَقَالَ الْحَمْدُ لِلَّهِ عَلَى سَعَادَةِ الْجَدِّ وَالْخُلُوصِ
مِنَ الْخَصْمِ لَا لَدَدَ ثُمَّ قَالَ يَا صَاحِبِ إِلَيْكَ إِذَا أَخَذَ كَمْ مِنَ الْعَطَاءِ أَمْ أَنْخَفَلَ بِالِيَالِ
الرَّفْطَاءُ قُلْتُ أَمْلَأُ الرِّسَالَةَ حِسَائِي فَقَالَ وَهُوَ يُثْقِلُ خَفَلَ عَلَيَّ فَإِنَّ

نُخِلَةٌ مَا لِجٍ فِي الْآذَانِ أَهْوَنُ مِنْ نُخِلَةِ مَا يَخْرُجُ مِنَ الْأَرْدَانِ ثُمَّ كَانَ أَنْفَذَ
وَاسْتَنْجَى فَجَمَعَ بَيْنَ الرِّسَالَةِ وَالْجِلْدِ بَلْ فَقَرَنَ مِنْهُ سَهْمَيْنِ وَفَصَّلْتُ عَنْهُ بِغُنْمَيْنِ
وَأُبْتُ إِلَى وَطَنِي قَرِيرَ الْعَيْنِ
بِمَا جُرْتُ مِنَ الرِّسَالَةِ وَالْعَيْنِ

DRITTES KAPITEL

DIE REVOLUTION DES ALPHABETS

Um 1000 v. Chr. vollzieht sich eine entscheidende Entwicklung: die Entstehung des Alphabets. Das geschieht nicht auf einmal, sondern im Lauf einer langen Geschichte.
Den Anfang machen die Phönizier, die an den Küsten des Mittelmeers, in Nordafrika, Südspanien, Sizilien, Sardinien, Zypern und auch in Griechenland und Italien Handel treiben.

Aus der arabischen und lateinischen Schrift entstehen zahlreiche Alphabete. Dieser arabische Text aus dem 13. Jahrhundert (links) des Dichters Al-Hariri wird von rechts nach links gelesen, die römische Inschrift aus dem 3. Jahrhundert von links nach rechts.

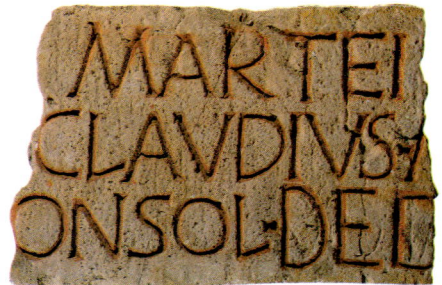

Keilschrift, Hieroglyphen und chinesische Schriftzeichen haben gemein, daß sie entweder Worte oder Silben wiedergeben. Lesen und schreiben zu können erfordert also die Kenntnis einer großen Zahl von Zeichen.

Das Alphabet nun verfügt über etwa 30 Zeichen, mit deren Hilfe man praktisch alles schreiben kann. In Wirklichkeit ist es nicht ganz so einfach, denn die 26 Buchstaben unseres Alphabets drücken nicht alle Laute aus, und so ergeben sich beim Schreibenlernen schwerwiegende Orthographieprobleme. Gleichwohl hat es ein europäischer Schüler mit den 26 Buchstaben erheblich leichter als etwa ein chinesischer mit 1000 Zeichen, ein Alter Ägypter mit ein paar hundert Hieroglyphen oder ein Mesopotamier mit 600 Keilschriftzeichen. Daher sind viele Wissenschaftler der Ansicht, daß die eigentliche Demokratisierung des Wissens mit dem Alphabet begonnen habe.

Im 14. Jahrhundert v.Chr. gibt es in Ugarit nahe bei Byblos in Syrien eine Keilschrift, die aus nur 22 Zeichen besteht: alles Konsonanten. Die nicht geschriebenen Vokale werden je nach Art des Wortes gesprochen. Alles weist darauf hin, daß es sich hier um die erste alphabetische Schrift handelt.

Das erste Alphabet, das der Phönizier, kennt keine Vokale.

Diese Steininschrift aus Sardinien (unten) scheint aufs 9. Jahrhundert v.Chr. zurückzugehen. Sie dokumentiert die geographische Ausbreitung des ersten nicht keilschriftlichen Alphabets, das in Phönizien gegen 1200 v.Chr. benutzt wird.

Die Einwohner Griechenlands besitzen im 2. Jahrtausend v.Chr. ein Schriftsystem, das gegen 1100 v.Chr. verschwindet, als ihre Kultur durch die dorischen Einfälle zerstört wird. Drei oder vier Jahrhunderte später gewinnen die phönizischen Schriftzeichen die Oberhand. Bis heute kennen wir den Ursprung der phönizischen Zeichen nicht, die man in Griechenland auf Tonscherben gefunden hat. Eine Theorie besagt, daß dieses Alphabet aus schrittweise umgewandelten Keilschriftzeichen hervorgegangen sei. Nach einer anderen, wahrscheinlicheren Hypothese entwickelte es sich aus der demotischen Schrift des Alten Ägypten.

Sicher ist jedenfalls, daß das phönizische Alphabet nur Konsonanten enthält. Das sind Laute oder *Phoneme*,

die in der gesprochenen Sprache sehr selten allein vorkommen, sondern zumeist mit Vokalen auftreten. Bis heute ist es eine Eigenheit der semitischen Sprachen wie Hebräisch und Arabisch, daß ihre Schrift sehr wenige Vokale enthält.

Dieses Relief aus dem Palast von Sargon II. (722 – 705 v. Chr.) in Khorsabad im Irak stellt phönizische Händler dar, die auf einem Fluß Baumstämme transportieren. Nach Herodot, der 484 – 425 v. Chr. lebt und sich auf ältere Quellen beruft, sind es die Phönizier, die den Mittelmeervölkern die Kunst des Schreibens vermitteln.

Zwei neue Alphabete entstehen, in denen das Alte Testament aufgeschrieben wird.

Etwa fünf Jahrhunderte nach dem Beginn des „Exports" des phönizischen Alphabets, um das 8. Jahrhundert v. Chr., ist in den Städten des heutigen Syrien – damals nennt man es Land Aram – das aramäische Alphabet in Gebrauch, das dem der Phönizier bis auf wenige Kleinigkeiten ähnelt.

Die aramäische Schrift und Sprache haben einen sehr wichtigen Einfluß auf unsere Geschichte, denn einige Bücher des Alten Testaments sind in dieser Sprache

geschrieben. Der größte Teil des Werks ist uns allerdings in Hebräisch überliefert, dessen älteste geschriebene Spuren bis 700 v.Chr. zurückreichen.

Die hebräische Schrift hält in ihrer ursprünglichen Form die Vokale nicht fest, und man liest sie wie das Aramäische von rechts nach links. Schrift und Sprache unterscheiden sich nicht wesentlich von der heutigen offiziellen Schriftsprache Israels.

Das alte Hebräisch, eckiges Hebräisch genannt, hat sich im Lauf der Jahrhunderte nur wenig verändert. Neben den großen Druckbuchstaben – die man in Denkmäler einmeißelt und auf die heiligen Rollen der Bibel schreibt – gibt es schon sehr früh Kursivbuchstaben für den täglichen Gebrauch.

Viele Jahrhunderte später wird diese Schrift auch dazu benutzt, eine weitere Sprache aufzuzeichnen, das Jiddische, welches die Juden Zentraleuropas sprechen. Es steht dem Hebräischen jedoch recht fern, da es sich weitgehend aus germanisch- und slawischstämmigen Wörtern zusammensetzt. Spezialisten behaupten deshalb, Schrift könne teilweise unabhängig von Sprache existieren.

Die arabische und die hebräische Schrift gehen auf dieselben Quellen zurück.

Die Geschichte der Schrift ist eine Art Familiengeschichte: Die arabische wie auch die hebräische Schrift leiten sich

Das eckige Hebräisch notiert ebenfalls nur die Konsonanten. Es wird von rechts nach links gelesen und kommt vermutlich aus dem Aramäischen. Das religiöse Fragment zum Passahfest stammt aus dem 16. Jahrhundert n.Chr. Das eckige Hebräisch wird, leicht modifiziert, noch heute in Israel benutzt.

Diese Rollenfragmente (links) wurden 1949 in den Höhlen von Qumran am Ufer des Toten Meers gefunden. Im Frühling jenes Jahres suchte ein Hirte vom Beduinenstamm Ta'amireh ein verirrtes Tier zwischen den Felsen und Höhlen. Dabei fand er die erste Manuskriptgrotte mit beschriebenen Lederrollen. Diese waren in Leinengewebe eingewickelt und steckten in Deckelgefäßen aus Ton, die mit Bitumen versiegelt waren. Die Manuskripte vom Toten Meer enthalten biblische Texte und Kommentare, welche von Mitgliedern der Sekte der Essener auf Hebräisch und Aramäisch niedergeschrieben wurden.

vom phönizischen Alphabet her. Man weiß nicht sehr viel über die Zusammenhänge, und das Verwandtschaftsverhältnis zwischen der arabischen und der phönizischen Schrift ist besonders unklar. Gesichert scheint lediglich, daß zu Beginn unserer Zeitrechnung ein Volk Nordarabiens, die Nabatäer, eine Schrift benutzt, die zwar nicht mehr phönizisch, aber auch noch nicht arabisch ist.

Die ersten eigentlich arabischen Inschriften können relativ sicher auf 512/13 n.Chr. datiert werden, doch die Etablierung der Schrift beginnt etwa 100 Jahre später. 622 flieht der islamische Prophet Mohammed von Mekka

nach Medina: Dieses Datum markiert den Anfang der Hidschra und der moslemischen Zeitrechnung. Etwa zehn Jahre vorher werden Mohammed die ersten Texte des Korans, des heiligen Buchs der Moslems, von Allah diktiert und um 650 von Mohammeds Nachfolgern in arabischer Schrift festgehalten. Somit ist die arabische Schrift also etwas älter als der Islam, aber erst durch dessen schnelle Ausbreitung in der Welt gewinnt sie (die Schrift mehr als die Sprache) an Bedeutung. Nordafrika, Kleinasien, Indien und Westchina, die vom Islam eroberten Länder, übernehmen die arabische Schrift. Hätte der christliche Westen das Vordringen der Türkischen Heere nach Mitteleuropa (17. Jahrhundert) nicht abwehren können, so würde vermutlich auch ganz Westeuropa heute mit arabischen Buchstaben schreiben.

Koran, Bibel und Thora – diese Schriften sind heilige Schriften.

Wenn die Christen von „der Schrift" sprechen, meinen sie ihr heiliges Buch. Noch mehr als die Bibel jedoch ist der Koran für die Moslems das Wort Gottes selbst – wie einstmals die Hieroglyphen für die Alten Ägypter. Man verehrt die Schrift, schon ehe man sie liest oder versteht. Noch heute wird in den Koranschulen Afrikas und Asiens, wo man ganz andere Sprachen spricht, der Koran in der arabischen Schrift und Sprache gelehrt. Die arabische Schrift verbreitet sich im Lauf der Geschichte mit dem Islam nicht zuletzt auch in Persien. Die persische Sprache – auch des heutigen Iran – ist jedoch eine indoeuropäische Sprache, die derselben Sprachfamilie angehört wie Deutsch und Französisch und nichts mit dem semitischen Arabisch gemein hat.

Für die Moslems ist die Schrift heilig, denn durch sie wird die Botschaft Gottes an den Propheten Mohammed wörtlich festgehalten. Im Unterschied zu Persien, wo in den Manuskripten figürliche Darstellungen vorkommen dürfen, z. B. auf dem nebenstehenden Manuskript des 16. Jahrhunderts, respektiert die arabische Überlieferung der Korantexte noch heute die religiösen Vorschriften des Kalifen Uthman. Darin wird die Darstellung Allahs und Mohammeds verboten. Kalligraphischer Schmuck für Korantexte ist dagegen erlaubt.

Im Lauf der Jahrhunderte bringt die arabische Kalligraphie Meisterwerke von faszinierender Vielfalt hervor.

Arabisch schreibt und liest man wie Hebräisch von rechts nach links, und die kurzen Vokale werden nicht geschrieben. Das Alphabet besteht aus 18 verschiedenen Buchstaben, deren Zahl durch das Hinzufügen von Punkten auf 29 erhöht wird. In der Kursivschrift werden die Punkte teilweise verbunden.

Das Großartige an der arabischen Schrift ist ihre Eigenheit, sich in unzähligen verschiedenen Formen darstellen zu lassen. Da der Islam verbietet, das Angesicht Gottes oder des Propheten abzubilden, wird die Schrift zum wichtigsten dekorativen Element in Moscheen und auf Denkmälern. Sie bildet die Grundlage der Arabeskenkunst, und die arabische Kalligraphie legt unendlich viele Spielarten und einen grenzenlosen Einfallsreichtum an den Tag. Als Beispiel hierfür seien die kufische Variante (entstanden in der Stadt Kufa im Irak) oder die modernen

Das Kalligramm aus dem 19. Jahrhundert in arabischer Schrift ist ein sogenanntes Bismillah. Es bedeutet: „Im Namen Gottes, des Allerbarmers". Im Körper des Vogels steht ein Koranvers, der das Paradies verherrlicht.

D ie Kacheln aus dem Felsendom von Jerusalem zeigen eine andere Form der Anrufung Allahs. Häufig wird im Kachelbild einer der 99 Namen Allahs auf blauem Grund dargestellt.

Kalligramme eines Hassan Massoudy genannt. Heute weiß man, daß sich in den Gebieten südlich von Arabien bis nach Äthiopien und in die Sahara hinein zahlreiche andere Schriftarten ausgebildet haben, die allem Anschein nach ebenfalls von der phönizischen Schrift abstammen.

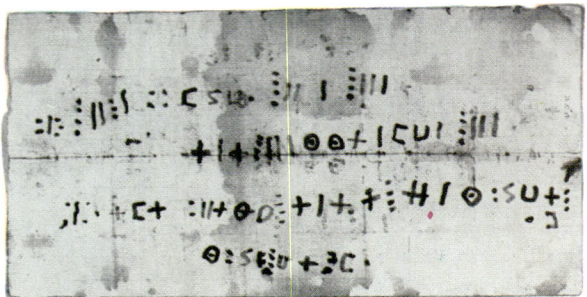

Die meisten davon sind allerdings ausgestorben. Es gibt nur noch die äthiopische Schrift und das Tifinagh der Tuareg, das sich durch die streng geometrische Form seiner Buchstaben auszeichnet. Und gerade das Tifinagh weist eine sehr seltene Eigenheit der Schrift auf: Es ist eine Domäne der Frauen, da die Gesellschaft der Tuareg matriarchalisch organisiert ist. Und ebenso wie anderswo bedeutet auch hier der Besitz der Schrift Macht.

Die Griechen entlehnen Konsonanten des aramäischen Alphabets als Schriftzeichen für Vokale.

Alle mehr oder weniger direkt von der phönizischen Schrift abgeleiteten Schriftsysteme enthalten nur Konsonanten. Der Leser muß sich also die Vokale selbst dazudenken. Das bedeutet zwar keine unüberwindlichen Probleme für die semitischen Sprachen, die ohnehin arm an Vokalen sind, es paßt aber nicht zu einer Sprache wie dem Griechischen, das über eine Menge Vokale verfügt.

Um das 8. Jahrhundert v.Chr., als man in Ägypten noch mit Hieroglyphen schreibt, während man sich an den Küsten Palästinas schon seit zwei Jahrhunderten alphabetisierter Schriften bedient, spricht man in Griechenland eine Sprache, die mit keinem der bestehenden Schriftsysteme aufzuzeichnen ist.

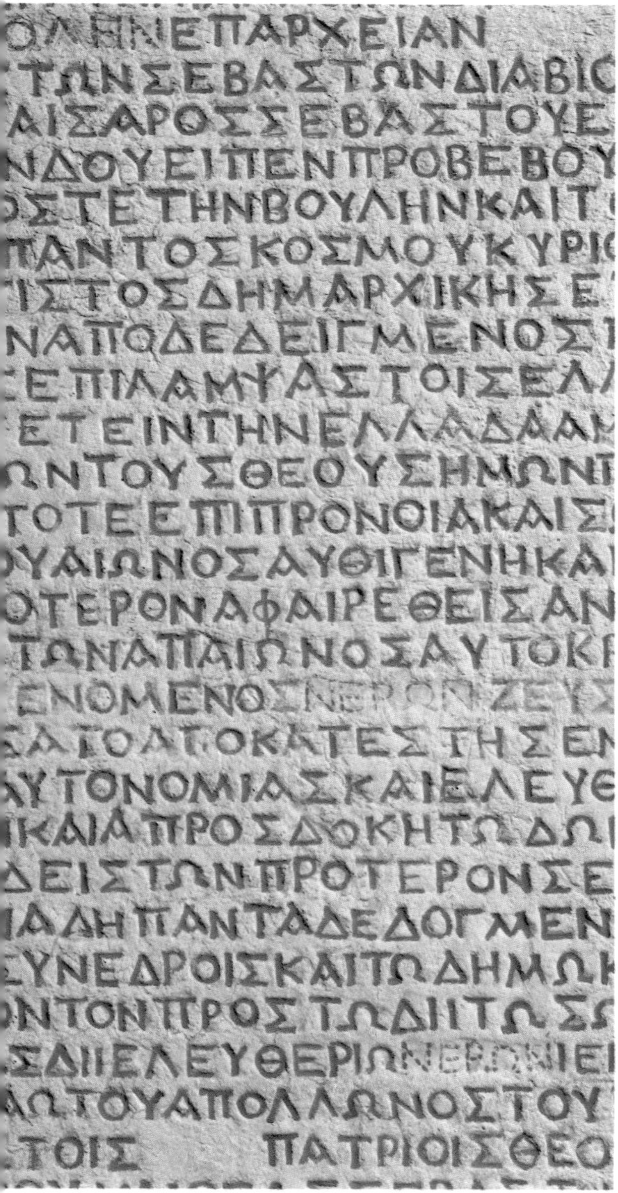

ΟΛ ΗΝΕΠΑΡΧΕΙΑΝ
ΤΩΝΣΕΒΑΣΤΩΝΔΙΑΒΙC
ΑΙΣΑΡΟΣΣΕΒΑΣΤΟΥΕ
ΝΔΟΥΕΙΠΕΝΠΡΟΒΕΒΟΥ
ΟΣΤΕΤΗΝΒΟΥΛΗΝΚΑΙΤ
ΠΑΝΤΟΣΚΟΣΜΟΥΚΥΡΙC
ΙΣΤΟΣΔΗΜΑΡΧΙΚΗΣΕ
ΝΑΠΟΔΕΔΕΙΓΜΕΝΟΣΤ
ΕΠΙΛΑΜΨΑΣΤΟΙΣΕΛΛ
ΕΤΕΙΝΤΗΝΕΛΛΑΔΑΑΝ
ΩΝΤΟΥΣΘΕΟΥΣΗΜΩΝΤ
ΤΟΤΕΕΠΙΠΡΟΝΟΙΑΚΑΙΣ
ΥΑΙΩΝΟΣΑΥΘΙΓΕΝΗΚΑ
ΟΤΕΡΟΝΑΦΑΙΡΕΘΕΙΣΑΝ
ΤΩΝΑΠΑΙΩΝΟΣΑΥΤΟΚ
ΕΝΟΜΕΝΟΣΝΕΡΩΝ ΖΕΥ
ΣΑΤΟΑΤΟΚΑΤΕΣΤΗΣΕΝ
ΥΤΟΝΟΜΙΑΣΚΑΙΕΛΕΥΘ
ΙΚΑΙΑΠΡΟΣΔΟΚΗΤΩΔΩ
ΔΕΙΣΤΩΝΠΡΟΤΕΡΟΝΣΕ
ΙΑΔΗΠΑΝΤΑΔΕΔΟΓΜΕΝ
ΥΝΕΔΡΟΙΣΚΑΙΤΩΔΗΜΩ
ΝΤΟΝΠΡΟΣΤΩΔΙΙΤΩΣΣ
ΣΔΙΙΕΛΕΥΘΕΡΙΩΝΕΡΩΝΙΕΙ
ΛΩΤΟΥΑΠΟΛΛΩΝΟΣΤΟΥ
ΤΟΙΣ   ΠΑΤΡΙΟΙΣΘΕΟ

Der Brief in Tifinaghschrift (links oben) wurde vor kurzem von einer jungen Targafrau an einen Franzosen geschrieben: ein lebendiges Beispiel für die Langlebigkeit eines noch von der phönizischen Schrift abstammenden Alphabets.

Diese in griechischer Sprache und Schrift überlieferte Rede des Kaisers Nero über die Freiheit der Griechen bezeugt den griechischen Einfluß auf die römische Kultur auch nach dem Anschluß Griechenlands an Rom (146 v.Chr.). Das griechische Alphabet wird schließlich mit einigen Abänderungen von den Römern weitergeführt. Die Buchstaben A, B, E, Z, J, K, M, N, O, T, X, Y sind mit den griechischen identisch. C, G, L, S, P, R und D werden umgeformt, während V, F und Q aus dem Archaischen übernommen werden.

Da haben die Griechen eine einfache, aber geniale Idee, um auch ihre Vokale zu schreiben: Sie entleihen aus dem aramäischen Alphabet mehrere Zeichen für Konsonanten, die es im Griechischen nicht gibt. So entstehen A (Alpha), E (Epsilon), O (Omikron) und Y (Ypsilon). J (Jota) ist dagegen eine eigenständige Neuerfindung.

Dieser stark verkürzte Bericht kann natürlich nicht auf alle Umwege der Geschichte eingehen, aber man weiß sicher, daß das griechische Alphabet um das 5. Jahrhundert v. Chr. voll entwickelt ist und aus 24 Buchstaben besteht, von denen 17 Konsonanten und 7 Vokale sind.

Ab dem 11. Jahrhundert ist es in Italien üblich, griechische Texte zu kopieren. Hier eine Abhandlung über den Fischfang, die Jagd und die Landarbeit. Die Buchstaben im Manuskript sind nach Manier der mittelalterlichen Kopisten durch sogenannte Ligaturen verbunden.

Das Alphabet kann entweder mit großen Buchstaben, *Majuskeln*, oder mit kleinen Buchstaben, *Minuskeln*, geschrieben werden. Die Majuskeln werden meistens für in Stein gemeißelte Texte verwendet, während man mit Minuskeln auf Papyrus oder Wachstäfelchen schreibt. Die Griechen erfinden nämlich eine Art Schiefertäfelchen, die mit einer Wachsschicht bedeckt sind, in die die Schüler die Buchstaben mit einem Griffel, Stichel oder Stift ritzen. Nach Gebrauch kann man die Schrift dann

wieder löschen. Wie schon die Ägypter benutzen auch
die Griechen ein noch billigeres Material: unglasierten
Ton. Davon hat man zahllose Bruchstücke gefunden.
Diese Ostraka genannten Tonscherben gehören zu einer
für die griechische Demokratie sehr bezeichnenden Sitte,
dem Ostrakismus: In Athen schreibt man die Namen
unerwünschter Bürger auf solche Tonscherben und hinter-
legt diese in einer Urne. Wird ein Bürger allzu oft auf
diese Art und Weise genannt, schickt man ihn ins Exil.

Unsere Kultur verdankt der griechischen Kultur sehr viel, sogar das Alphabet.

Mit der griechischen Schrift erblüht vom 5. Jahrhundert
v. Chr. an eine der reichsten Literaturen, die alle Gattun-
gen umfaßt: Dichtung, Theater, Rede, Geschichte und
Philosophie. Wir sind die Erben dieser Literatur und der
Schrift, die sie bis heute lebendig erhält. Denn aus der
griechischen Schrift sind sowohl kompliziertere Schriften

Durch das byzanti-
nische Christentum
wird die griechische
Schrift vielen Völkern
vermittelt. Sie bildet die
Grundlage für vier
Schriftfamilien: So ent-
stehen über das glagoli-
thische das kyrillische;
über das armenische das
georgische und über das
etruskische das lateini-
sche Alphabet. Die vierte
Schrift, das Koptische
aber, die von den ägypti-
schen Christen verwen-
det wird, vermittelt noch
heute eine Vorstellung
von den altägyptischen
Lautformen. In Ägypten
existieren Koptisch und
Arabisch nebeneinan-
der, was ein Manuskript
von 1356 n. Chr. mit
koptischem Grundtext
und arabischen Kom-
mentaren zeigt.

entstanden wie etwa Koptisch, Armenisch oder Georgisch
als auch unser lateinisches Alphabet. Allerdings gibt es
auch da wieder historische Unklarheiten, und nicht alle
Entwicklungsschritte kennt man genau ...
Da die Griechen große Seefahrer sind und alle Küsten
des Mittelmeerraums besuchen, ist es wahrscheinlich,
daß sie ihre Schrift auch den Etruskern vermitteln, die im
Gebiet der heutigen Toskana leben.

Die immer noch bestehenden Rätsel um die Kultur der Etrusker legen auch einen Schleier über die Entwicklung der Schrift.

Die Etrusker besitzen eine der reichsten Kulturen des Altertums. Ihre Handwerker hinterlassen wundervolle Malereien auf den Wänden von Gräbern und Skulpturen, die sehr modern anmuten. Man hat zahlreiche Inschriften gefunden, deren Buchstaben denen der griechischen Schrift ähneln. Leider wissen wir über die Sprache der Etrusker äußerst wenig, so daß wir von einem etruskischen Rätsel sprechen müssen.

Etruskische Könige herrschen in der Gegend von Rom bis zu ihrer Vertreibung durch die Latiner im 4. Jahrhundert v. Chr. Die siegreichen Latiner, die zukünftigen Römer, passen das etruskische Alphabet ihrer Sprache an. Ab hier sind wir auf Hypothesen angewiesen: Manche Forscher meinen, das lateinische Alphabet sei direkt aus dem griechischen Alphabet entstanden, ohne den Umweg über die etruskische Schrift. Jedenfalls wird etwa im

3. Jahrhundert v. Chr. ein lateinisches Alphabet von 19 Buchstaben geschaffen. X und Y werden vermutlich im 1. Jahrhundert v. Chr. unter Cicero hinzugefügt. Die Römer benutzen ebenso wie die Griechen Majuskeln für Stein und Minuskeln für andere Schriftträger wie Papyrus oder Wachstäfelchen.

Seit dem 3. Jahrhundert v. Chr. wird auf römischen Denkmälern die Majuskelschrift verwendet. Die römische Capitalis monumentalis* und die Capitalis quadrata erhält ihre Form aufgrund des Schreibmaterials, des Stichels und des Meißels. Von Anfang an eckig, bewahrt sie ihr monumentales Aussehen durch ihre breite Strichführung und ist bis heute das Vorbild für Inschriften auf Denkmälern.

* Die beschriebenen Schrifttypen siehe Liste Seite 207.

Woher kommt das etruskische Alphabet, dessen Zeichen man auf dieser Vase sieht? Aus der griechischen Schrift in der Kolonie Cumae in Kampanien oder aus Böotien? Die identische Schrift aus dem 6. Jahrhundert v. Chr., die auf der Insel Lemnos gefunden wurde, hat die Diskussion neu entfacht: Es könnte sich um einen etruskischen Export in die ägäische Welt handeln.

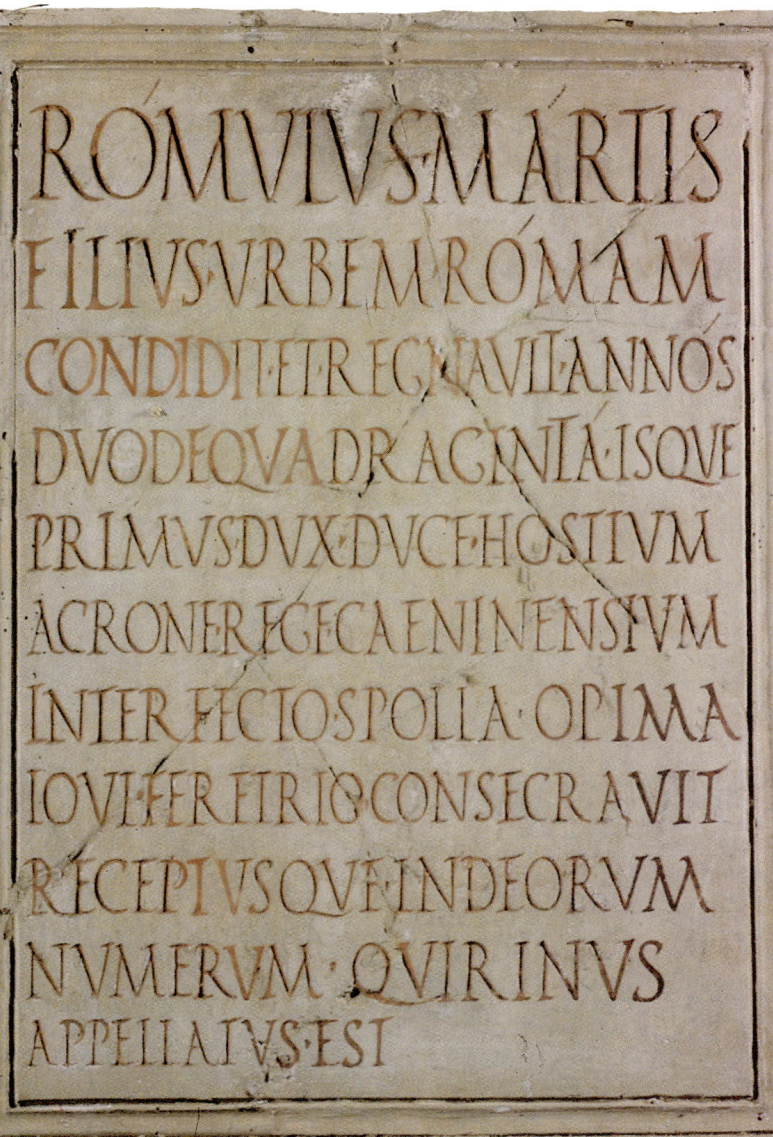

ROMVLVS MARTIS
FILIVS VRBEM ROMAM
CONDIDIT ET REGNAVIT ANNOS
DVODEQVADRAGINTA ISQVE
PRIMVS DVX DVCE HOSTIVM
ACRONE REGE CAENINENSIVM
INTERFECTO SPOLIA OPIMA
IOVI FERETRIO CONSECRAVIT
RECEPTVSQVE IN DEORVM
NVMERVM QVIRINVS
APPELLATVS EST

Inschriften auf Stein erfordern sehr genaue Vorarbeiten, je nach Anzahl der Wörter und Größe der Fläche, die das Maß der Buchstaben bestimmen. Der Steinmetz beginnt mit dem Vermessen seines Textes auf einer Papyrusrolle. Anschließend muß er mit Kreide auf dem Stein die

Die Gattin des Terentius Neo hält Griffel und Wachstäfelchen in der Hand, er selbst eine Papyrusrolle (oder ihre Umhüllung), auf die man mit dem Pinsel schreibt. Mit dem Stichel, der seit der Klassik in verschiedenen Formen benutzt wird, schreiben die Römer jedoch immer noch am häufigsten. So glaubt man, daß Tiro, der Sekretär Neros, Griffel und Wachstäfelchen benutzte, um die Worte des großen Redners mitzustenographieren. Das eine Ende seines Bronzegriffels ist angespitzt und zieht eine stets gleich dicke Linie. Das andere ist abgeflacht wie ein Spachtel. Damit kann man das Geschriebene löschen.

Linien ziehen, welche die Buchstaben oben und unten begrenzen (Schildermaler machen es noch heute so). Dann werden die Buchstaben mit Kohle zwischen diese Linien geschrieben und schließlich ausgemalt. Erst dann kann die Arbeit mit dem Meißel beginnen.

Im 2. und 3. Jahrhundert n.Chr. tauchen die neue allgemeine Schrift und die Unzialschrift auf, die bis zum Jahr 1000 überall dort in Europa übernommen werden, wo Römer leben oder wo man lateinisch schreibt.

Vermutlich gehen die indischen Schriften und unser Alphabet auf gemeinsame Ursprünge zurück.

Seit dem 3. Jahrhundert v.Chr. gibt es auf dem Indischen Subkontinent zwei Hauptschriften: die Kharosti und die

Brahmi. Davon existieren mehrere Varianten, die benutzt werden, um die Vielzahl der in Indien gesprochenen Sprachen zu schreiben. Aus der Brahmischrift entwickelt sich die Devanagari, mit der sowohl das Sanskrit, die heilige Sprache des Großteils Indiens, wie auch das Hindi, eine der verbreitetsten Umgangssprachen, festgehalten werden.

Die Brahmischrift ist völlig alphabetisiert, d. h. sie enthält sowohl Konsonanten als auch Vokale. Vermutlich entstand die Schrift nicht vor Ort, sondern stellt eine Abwandlung des phönizischen Alphabets dar.

In der Tat ist insbesondere das Industal ein Durchgangsland für den Handel zwischen den Völkern des östlichen Mittelmeers und den Bewohnern des Subkontinents. Letztere unterhalten zahlreiche Verbindungen mit Arabien, Phönizien und sogar Griechenland.

Auf diesem südindischen Buch-Fragment ist in Tamilisch das „Epos von Kambaramayanam" zu lesen. Tamilisch ist eine Variante der Brahmischrift. Konsonanten und Vokale werden notiert, gelesen wird von links nach rechts. Am merkwürdigsten ist das Schreibmaterial: Bambusplättchen, die durch Fäden verbunden und so aneinandergefügt werden, daß sie sich zusammenfalten lassen. Zum Lesen muß man sie auseinanderziehen.

Wir wissen auch von der Expedition, bei der Alexander der Große 326 v.Chr. bis an die Ufer des Indus vorstößt. Und schließlich darf man nicht vergessen, daß die Sprachen Indiens, zumal das Sanskrit, zur Familie der indoeuropäischen Sprachen gehören. All dies stützt die These, daß die phönizische die indische Schrifttradition zumindest beeinflußt hat.

Schon im 4. Jahrhundert vor unserer Zeitrechnung befaßt man sich in Indien erstmals mit Grammatik.

Panini, ein aus Salatura gebürtiger Inder, der als erster Grammatiker gilt, beschreibt schon im 4. Jahrhundert v.Chr. die genaue Funktion der Konsonanten und Vokale der Göttersprache Sanskrit. Das funktioniert nur, weil die indischen Schriften restlos alphabetisiert sind und eine sehr strukturierte *Phonetik* aufweisen.

Das A ist der am häufigsten vorkommende Vokal in den Hauptsprachen Indiens, die von rechts nach links gelesen werden. Die Buchstaben sind einer Zeile, einem Träger oder großem Querbalken, zugeordnet, die die Zeichen zusammenfaßt und sie miteinander verbindet. Diese besondere Schreibweise verleiht der Schrift plastische Schönheit.

Nach dem Muster der indischen Schriften entstehen durch sehr komplizierte Umformungen all die Schriften, die heutzutage in Tibet und zahlreichen südostasiatischen Ländern wie Laos, Thailand, Kambodscha und Birma gebräuchlich sind.

In Vietnam benutzt man lateinische Buchstaben, die im 17./18. Jahrhundert von portugiesischen Jesuiten eingeführt werden. Die Mönche versuchen durch die Etablierung einer einheitlichen Schrift eine bessere Grundlage für die Christianisierung der Völker zu schaffen, deren Schriften von Nord nach Süd sehr variieren. So erfinden sie eine vietnamesische Umschrift, die Chu quoc-ngu-Schrift (Buchstaben der Landessprache) oder einfach Quoc-ngu. Da sich mit den lateinischen Buchstaben die Aussprache der Vietnamesen nur mangelhaft wiedergeben läßt, fügt man eine Anzahl Punkte und Akzente hinzu, die man *diakritische Zeichen* nennt.

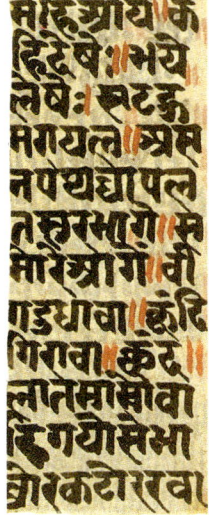

Sprache ist nicht gleich Schrift.

Am Anfang unserer Zeitrechnung gibt es zwar über die ganze damalige Welt verstreut Schriftsysteme. Aber noch heute ist in zahlreichen Gegenden auf dem Globus die Schrift unbekannt. Obgleich die Linguisten annähernd 3 000 voneinander verschiedene Sprachen auf der Erde gezählt haben, sind sie sich einig, daß kaum mehr als 100 davon geschrieben werden. Man muß sich auch klarmachen, daß etwa 50 Prozent der Menschen über 20 Jahre nicht, nicht mehr oder nur schlecht schreiben können.

Das indische Manuskript aus dem 19. Jahrhundert ist in Nagari geschrieben, eine der zahlreichen Sprachen, die jeweils nur von kleinen Gruppen gesprochen werden. Nagari heißt auf Sanskrit soviel wie städtisch, und Devanagari bedeutet: Gott der Stadt.

Bei dem Text auf dem Schriftstein aus Nepal (links unten) handelt es sich um eine Sequenz von buddhistischen Gebeten. Diese tibetische Schrift leitet sich aus der Devanagari her.

Nordsee

Dnjepr

Donau

Mittelmeer

3500 – 3000 v.Chr.

3000 v.Chr.

3000 – 2500 v.Chr.

1000 – 700 v.Chr.

600 v.Chr.

Mittelalter

Diese Daten vermitteln nur eine grobe Orientierung. In Wirklichkeit überlagern sich die Ursprünge der verschiedenen Schriften häufig.

3500 – 3000 v. Chr.: In Uruk (Sumer) werden Piktogramme verwendet, um Zahlen aufzuzeichnen. In China geht die Schrift von Piktogrammen in Ideogramme und Phonogramme über.

3000 v. Chr.: In Indien findet eine parallele Entwicklung statt. Die ersten Schriftzeichen werden auf Kupfertäfelchen geritzt.

3000 – 2500 v. Chr.: Am Ufer des Nils entwickelt sich die Schrift der Götter, die Hieroglyphen.

1000 – 700 v. Chr.: Aus dem phönizischen Alphabet entsteht das griechische Alphabet mit modernen Vokalzeichen. Die aramäische Schrift, die sich nach Osten ausbreitet, ist der Vorläufer der hebräischen und arabischen Schrift.

600 v. Chr.: Rom entwickelt sich zum kulturellen Zentrum der Etrusker und Griechen. Die lateinische Schrift erscheint zum ersten Mal auf dem Schwarzen Stein des Forums.

Mittelalter: In Westeuropa wird Latein in karolingischen, gotischen und humanistischen Schriften geschrieben, während sich weiter östlich aus dem griechischen das kyrillische Alphabet entwickelt.

Viertes Kapitel

VOM KOPISTEN ZUM DRUCKER

Die Römer haben den Völkern Mitteleuropas zusammen mit ihrer Zivilisation auch ihre Sprache, das Lateinische, übermittelt. Etwa fünf Jahrhunderte nach dem Untergang Roms verschreibt sich Karl der Große rückhaltlos dem Christentum und dem Erbe der römischen Kultur. Damit belebt er diese wieder neu, als sie nahe daran ist, nach der langen Barbarenherrschaft aus Europa zu verschwinden.

Im Mittelalter wird in den Klöstern lange Zeit eine klare, senkrechtstehende Schrift mit ausgewogenen Oberlängen verwendet – ein Abbild der Ausgewogenheit klösterlichen Lebens.

Jahrhundertelang schreibt man in Europa nur in Latein. Und als sich das Christentum ausbreitet, schreibt und kopiert man fast ausschließlich lateinische Texte.

Der Eidschwur von Straßburg 842 stellt das erste amtliche Dokument dar, das in Vulgärsprache abgefaßt ist. Darin verbünden sich zwei Enkel Karls des Großen, Karl der Kahle und Ludwig der Deutsche, gegen den dritten Enkel, Lothar. Mündlich und schriftlich schwören sie sich in Althochdeutsch und Altfranzösisch die Treue. Die schriftliche Form der Volkssprachen bleibt allerdings noch lange Zeit im Schatten des Lateinischen.

Mehr als 1000 Jahre lang ist Schreiben das Privileg der Mönche.

Sehr selten beherrscht ein Laie die Schreibkunst. Karl der Große selbst, der zu seiner Zeit der mächtigste Mann Westeuropas ist, kann nicht schreiben. Er unterzeichnet seine königlichen Akten mit einem Kreuz, das er in die vom Schreiber vorbereiteten Schnörkel hineinsetzt.

Im Unterschied zu den Schreibern in Mesopotamien oder im Alten Ägypten schreiben die klösterlichen Kopisten des europäischen Mittelalters nur ab und verändern weder die Texte selbst noch erlangen sie durch die Kenntnis der Schrift eine besondere Machtposition. Sie sind auf einer ganz anderen Ebene schöpferisch. Seit Karl dem Großen schaffen sie in Europa die Kunst der Kalligraphie. Die schönen handgeschriebenen und häufig mit Miniaturen verzierten Schriftseiten machen den Wert jener ersten Bücher, der Manuskripte, aus.

Die spätrömischen Schreiber, die zum Beispiel Bibeltexte kopieren, benutzen als Schreibmaterial zum Teil Papyrusrollen, die man lateinisch Volumina nennt. Der Nachteil von Papyrus aber ist, daß er sehr teuer ist, leicht reißt und nur einseitig beschrieben werden kann. Darüber hinaus ist es nicht einfach, Texte auf Rollen zu lesen.

Weltliche Schreiber erlauben sich zuweilen phantasievolle Gestaltungen. So gibt derjenige, der Mitte des 15. Jahrhunderts diese Sammlungen von Liebesliedern kopiert, dem Buch die Form eines Herzens.

Die Komposition einer Initiale besteht aus mehreren Arbeitsgängen: Zunächst werden Buchstabe, Dekor und Personen vorskizziert, dann der Entwurf mit Tinte ausgearbeitet. Anschließend wird sie vergoldet und mit dunkleren Farbtönen unterlegt. Das häufig verwendete Rot gewinnt man aus einer Mischung von Mennige (Minium) und Eiweiß oder Eigelb. Letzteres verleiht der Farbe einen leicht speckigen Glanz. Vom Gebrauch des Minium kommt der Name Miniatur.

NAmque & iam enthnum

ERIDANUS
NCAELENIUMCONELU
ELAMOCEANUALESSE DI
LOCARE PROPTERMAGNITU
YZERIS LUCIENSNOME PRAETI
ECANOPOSAPELLA SEDQUOD
CANOPOS AUTEM INFRAE
RBS FLUMINEA QUAEAE
LTUENILOMINI LUSITA
OPEDEERRO RIUSCE
US OBLONIS
EMLENS
IFFUNDITUR
COMCILICU
TUMHUMIM
NUMSEXTIII

ner, lnp ur æ lociram

Sternbild-Kalligramme

Die „Phainomena"
des Aratos (um 300
v. Chr.) sind in einer
karolingischen Darstel-
lung überliefert. Es han-
delt sich um einen astro-
nomischen Text, der die
verschiedenen Sternbil-
der in Gedichtform auf-
zählt: ihre jeweilige Stellung am Himmel, ihre
Leuchtstärke, ihre Stel-
lung zu den Tierkreis-
zeichen usw. Cicero
(106 – 43 v. Chr.) über-
setzte die Phainomena
ins Lateinische, Hugo
Grotius (1583 – 1645)
vervollständigte die
erhaltenen Fragmente
durch eigene Verse. Die
mit Capitalis rustica
gefüllten Figuren stam-
men angeblich von
Hyginus (1. Jahrhundert
n. Chr.). Der angelsäch-
sische Kopist der Karo-
lingerzeit schließlich
führte um 800 n. Chr.
die Schrift der Figuren
meist in Mennige-Rot
oder -Braun, aber auch
in Blau- und Grautönen
aus.

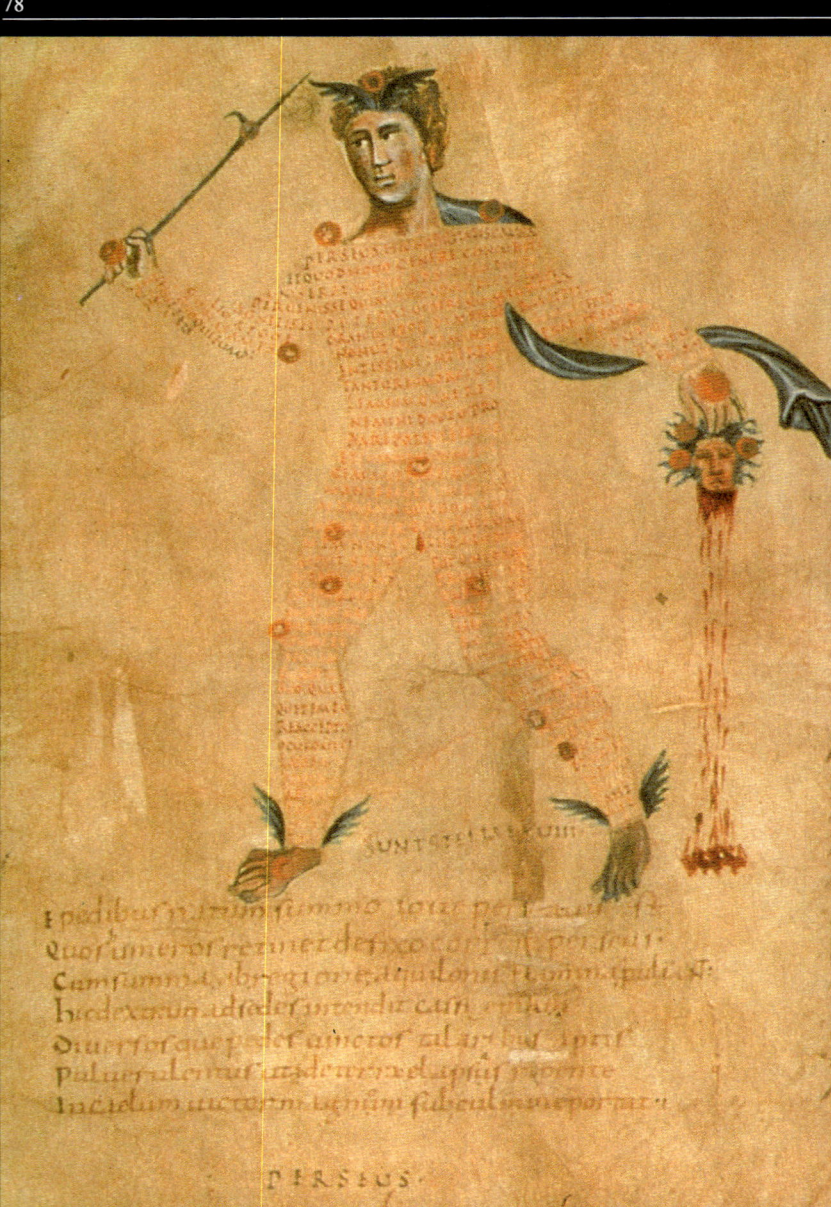

SUNTSTELLÆXVIII

E pedibus natum summo iouе per... aut fit
quor umeror retinet defixo capite per saut
Cumsumma obregione quilonet: omni spulcst
hic dextra in adsidera utendit caп unius
Diuerforque pedes umeros adaras buc aprit
paluer alenaat made utrixeda prit superite
Incidulum uictorni ignium subicalin uiseportat

PERSIOS

Illuminierte Mythologie

Die 25 Seiten des Aratos-Manuskriptes stellen Sternzeichen dar, mythologische Personen (Perseus), Tiere (Adler, Delphine, Hunde) oder Dinge (Schiff, Leier, das Zeichen Delta). Es sind die ersten Kalligramme, obwohl die Verwendung des Wortes ein Anachronismus ist, da es erst zehn Jahrhunderte später von Apollinaire (um 1900) so gebraucht wird. Die Texte sind mit Darstellungen von Lebewesen oder Dingen bedeckt, die aus dem buchstabenübersäten Papier ausgeschnitten zu sein scheinen, wie man es in den Collagen von Georges Braque oder Pablo Picasso findet.

Ohne die Erfindung des Pergaments hätte die Buchmalerei nie eine derartige Blüte erlebt.

Mit der Ausbreitung des Schreibmaterials Pergament verändern sich die Schreib- und Lesegewohnheiten vollkommen. Die Erfindung des Materials scheint aus Pergamon in Kleinasien zu stammen: Das Wort Pergament jedenfalls kommt vom griechischen pergamene und bedeutet: Haut aus Pergamon. Als im 2. Jahrhundert v.Chr. Ägypten seinem Rivalen Pergamon die Lieferung des unentbehrlichen Papyrus verweigert, müssen die kleinasiatischen Schreiber zu einem anderen Material greifen: dem Leder. Sie beanspruchen die Erfindung des Pergaments für sich, obwohl Tierhaut gelegentlich auch schon im Ägypten des Alten Reiches verwendet wurde.

Das Glätten ist für den Pergamenthersteller von größter Wichtigkeit. Meist wählt er die Außenseite der Haut, deren dichtere Fäserchen das Blankputzen mit der Klinge besser vertragen. Die Innenseite wird oft flockig, wenn Messer oder Bimsstein darübergleiten.

Meist wird Pergament aus der Haut von Schafen, Kälbern oder Ziegen hergestellt, zuweilen auch aus Gazellen-, Antilopen- oder gar Straußenhaut. Schafs- und Kalbshäute bieten den wesentlichen Vorteil, daß sie auf beiden Seiten beschrieben werden können.

Velin ist ein besonders hochwertiges Pergament, das aus der Haut sehr junger oder totgeborener Kälber gewonnen wird. Der Name kommt aus dem Altfranzösischen (veel = Kalb). Der größte Vorzug des Velin ist, daß es Tinte oder Farbe nicht schluckt und so deren ursprüngliche Tönung originalgetreu erhalten bleibt. Aus diesem Grund werden die wohl schönsten Buchmalereien auf Velin ausgeführt.

Ein Maler der holländischen Schule des 18. Jahrhunderts zeigt die Arbeit eines anonymen Kopisten aus dem Mittelalter, der die Bibel des heiligen Hieronymus abschreibt. (Hieronymus, ein Kirchenvater aus dem 4. Jahrhundert, überarbeitete die Bibel und übersetzte sie aus dem Aramäischen ins Lateinische.) Auf einer Seite des Manuskripts thront Christus (majestas domini), auf der Gegenseite steht der Text mit einer Initiale.

Die Vormachtstellung der Papyrusrollen geht zu Ende. Pergamentblätter werden nach römischer Art zum Codex zusammengebunden: Das Buch ist geboren.

Bei der Pergamentherstellung werden die abgezogenen Häute in einem Kalkbad eingeweicht, dann gescheuert und von allen Haar- und Fleischresten befreit. Ehe man sie zum Trocknen auf Weidenrahmen spannt, bestreut man sie mit Gips, der alle Fettspuren aufsaugt. Später werden sie noch einmal mit einem Spachtel abgeschabt. Es kommt darauf an, das Leder sehr gründlich zu gerben, da dem Pergament andernfalls ein unerträglicher Geruch anhaftet.

Der Kopist muß zunächst die Pergamentblätter mit einer Messerklinge oder mit Bimsstein glätten, damit Flecken und Unebenheiten verschwinden und eine leicht körnige Oberfläche entsteht, die Tinte annimmt, ohne sie zu sehr zerfließen zu lassen.

Die Verwendung von Pergament ermöglicht zwei entscheidende Fortschritte: Einmal erlaubt Pergament den Gebrauch der Gänsefeder, die wesentlich mehr Möglichkeiten bietet als das grobe Schilfrohr, zum anderen kann man die Blätter falten und zusammennähen. So entsteht der Codex, der Vorläufer unseres Buches: Er besteht aus mehreren Blättern, die aufeinandergelegt und zusammengebunden werden.

Die Schreibfeder wird bevorzugt aus einer der ersten fünf Schwungfedern vom linken Flügel einer ausgewachsenen Gans hergestellt. Man weicht sie einige Stunden lang ein und trocknet und härtet sie anschließend in heißem Sand. Danach schneidet man sie mit dem Federmesser zu.

Vom 9. oder 10. Jahrhundert an besitzt jede Abtei und jedes Kloster ein Scriptorium, eine Schreibstube.

Insbesondere im europäischen Früh- und Hochmittelalter ist die Bedeutung der Klöster für die Tradierung von Schrift und Wissen kaum zu überschätzen. Das Scriptorium, wo die Manuskripte kopiert, verziert und gebunden werden, liegt normalerweise in der Nähe der Bibliothek. Je nach religiösem Orden ist sie in einem eigenen Zimmer untergebracht und wird Wärmstube genannt: Es ist nämlich der einzige beheizte Raum, der manchmal auch aus mehreren zusammenhängenden Einzelzellen besteht. In ärmeren Klöstern ist das Scriptorium häufig im Kreuzgang untergebracht.

Jeder Kopist besitzt einen Sitzplatz – obwohl gewisse Arbeiten im Stehen ausgeführt werden – und ein Pult mit

zuweilen zwei schrägen Auflagen für zwei Manuskripte. Man schreibt mit einer Gänsefeder, die gleichmäßig zugeschnitten wird, je nach der gewünschten Schrift. Jeder Schreiber beschreibt pro Tag durchschnittlich vier Folioseiten, etwa 35 – 50 cm hohe und 25 – 30 cm breite Blätter, mit Normalschrift.

Eine lückenlose Organisation und eine rigorose Arbeitsteilung sind die Voraussetzung für das Entstehen der Manuskripte.

Die langweilige Kopierarbeit wird nur von den Gebetszeiten unterbrochen. Orthographiefehler und graphische Ungleichmäßigkeiten innerhalb eines Manuskripts lassen darauf schließen, daß die Kopisten nach Diktat und abwechselnd am gleichen Manuskript arbeiten. Dies geschieht übrigens oft in Zusammenarbeit mit Nonnen, da im Mittelalter die Zahl der gemischten Gemeinschaften steigt.

Die Novizen müssen die Zeilen, sogenannte Leitlinien, ziehen, zwischen die die Kopisten ihre Buchstaben setzen. Es sind zahlreiche Manuskripte erhalten, in denen diese Zeilen noch nicht ausradiert sind. Daneben führen die Anfänger auch einfache Schreibarbeiten aus, d.h. sie kopieren den Text von in hoher Zahl angefertigten

„Wenn du nicht weißt, was Schreiben heißt, könntest du glauben, daß die Schwierigkeit nicht groß ist. Aber wenn du eine ausführliche Erklärung haben willst, so laß mich dir sagen, daß es harte Arbeit ist: Es verdirbt die Augen, krümmt den Rücken, drückt auf Magen und Hüften, quält die Nieren und hinterläßt einen Körper voller Schmerzen."

Silus Beatus, „Colophon" (12. Jahrhundert)

Manuskripten. Diese Arbeit stellt eine wichtige Einkommensquelle für die Klöster dar.

Kalligraphen, Maler, Miniaturmaler und Buchbinder: Die Mönche arbeiten auch als Künstler.

Die besten Kalligraphen werden mit den feinen Arbeiten, z.B. mit Aufträgen von Würdenträgern des Adels oder des Klerus, betraut. Welches Ansehen – und nicht zuletzt auch welches Selbstbewußtsein – die Kunst der Kalligraphie genießt, geht daraus hervor, daß manche Mönche ihren Namen unter das Meisterwerk setzen. Wenn sich jedoch ein Mönch allzuviel auf seine persönliche Meisterschaft einbildet, zwingt man ihn, seine Arbeit zu unterbrechen. Er darf sie erst wieder aufnehmen, wenn er einsieht, daß seine Kunst einzig und allein Gott und seinem Orden zu dienen hat.

Unterhalb des bereits geschriebenen Textes sind die Linien zu erkennen, auf die der Kopist seine Buchstaben setzt. In der Linken hält er das Instrument, mit dem er diese Linien zieht. Manche Spezialisten für Handschriften können bei der Lektüre eines Manuskripts sogar erkennen, ob der Kopist Links- oder Rechtshänder war. Der Duktus, d.h. seine Art, die Buchstaben zu verbinden, wird durch das Zuschneiden des Federkiels bedingt, was wiederum von der verwendeten Hand abhängt.

„Dem Karthäuser-mönch gebe man ein Tintenfaß, Federn, Kreide, zwei Bimssteine, zwei Winkel, ein Feder-messer, zwei Klingen, um das Pergament ab-zuschuppen, einen feineren und einen gewöhnlichen Stichel, einen Stift aus Blei, ein Lineal, Schreibtäfel-chen und ein Stilett."
Guignes der Karthäuser, „Vom mönchischen Leben"

Die Miniaturmaler und Buchillustratoren sind Spezialisten. Sie schmücken nicht nur die Anfangsbuch-staben von Absätzen oder Kapiteln *(Initialen)* mit Blatt-gold aus, sondern malen auch Blumen, Personen und Landschaften in lebendigen Farben. Das Motiv wird zunächst mit einem Stichel vorgezeichnet, dann fügt man mit Gänsefeder und Tinte die Einzelheiten hinzu, wobei Zirkel, Lineal und Winkel benutzt werden. Die farbigen Konturen werden mit der Feder gezogen, und lediglich die Fläche (Füllung) wird mit einem dünnen Pinsel ausgemalt.

Sofern das Kloster unter seinen Mönchen keine fähigen Künstler für besonders anspruchsvolle Aufträge hat, mietet man die Dienste eines berühmten Laien. Dasselbe gilt für den Buchbinder, der auch den Ledereinband und den Verschluß herstellen muß, die beide oft sehr kunstvoll gearbeitet sind.

Dieses Kästchen aus dem 11. Jahrhun-dert (rechts) ist eine Art Griffelkasten, in dem die Gänsefedern auf-gehoben wurden. Es ist mit einem reichverzier-ten Deckel verschlossen.

Bis zur Zeit Karls des Großen haben die Kopisten gewisse Freiheiten in der Wahl des Schrifttyps.

Anfangs benutzen die Mönche alle in der romanischen Zeit gebräuchlichen Schriften: die Kapitalkursive, auch Unziale genannt; die Halbunziale mit kleineren

Die Initialen eines Manuskripts aus dem 13. Jahrhundert stellen die verschiedenen Arbeitsgänge bei der Buchherstellung dar: Das Pergament wird dem Mönch übergeben, der Schreiber zieht Linien, ein Portrait wird ausgeführt, und die Velinblätter werden beschnitten.

Das Manuskript aus dem 7. Jahrhundert, die „Abhandlung des heiligen Hilarius", ist in Unziale geschrieben.

Buchstaben; die Kapitalschrift mit rechtwinkligen Großbuchstaben, wie man sie auf Denkmälern findet; zuweilen auch die bäuerliche Variante für Votivdenkmäler, die sogenannte Capitalis rustica. Bis zur Erfindung der Buchdruckerei bestimmt die Unziale das Schriftbild. Da sie mit der Feder geschrieben wird, sind die Buchstaben rund, im Gegensatz zu den eckigen Buchstaben, die in Stein eingemeißelt werden. Bald nach dem Regierungsantritt Karls des Großen (768 n.Chr.) taucht eine ganz neue Schriftart auf, die wohl von der Halbunziale beeinflußt ist: die karolingische Minuskel. Sie ist sehr formschön und breitet sich im Lauf der Jahrhunderte im ganzen mittelalterlichen Abendland aus.

In der Regierungszeit Karls des Großen werden auch wesentliche Korrekturen an älteren Texten vorgenommen. Die Originaltexte sind im Lauf der Zeit vielen Änderungen unterworfen. Durch Unwissenheit oder Nachlässigkeit seitens der Mönche werden Fehler in jeder Kopie wiederholt, wenn nicht gar so vermehrt, daß schließlich der Sinn des Textes völlig verfälscht sein kann. Karl der Große beschließt, hier Abhilfe zu schaffen, indem er von den am besten gesicherten Quellentexten äußerst sorgfältige neue Kopien anfertigen läßt. Die so verbesserten karolingischen Manuskripte tragen den Vermerk „ex authentico libro", wodurch eine fehlerfreie Kopie garantiert ist.

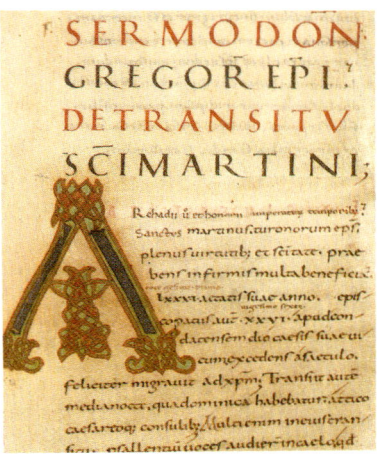

In der karolingischen Schrift sind die Großbuchstaben sehr sauber und regelmäßig, die kleinen Buchstaben eckiger und dünner als bei der Unziale. Die Handschrift des Sulpice Sévère aus dem 9. Jahrhundert schildert das Leben des heiligen Martin. Die sparsam verzierten Buchstaben sind charakteristisch für die Manuskripte dieser Epoche.

Durch die Verweltlichung der Schrift entsteht ein neues Handwerk.

Ende des 12. Jahrhunderts verliert die Kirche langsam ihr Monopol in der Schreibkunde. Die weltlichen Schreiber, die bislang mit den Mönchen zusammenarbeiteten, schließen sich nach und nach in Werkstätten zusammen. Sie verfassen die offiziellen Dokumente des neu entstandenen Bürgertums, aber sie stellen auch Bücher her.

Aufträge für Bucheditionen sind bis dahin ausschließlich von seiten des Adels und der Kirche vergeben worden. Dabei ging es in der Regel um Luxusausgaben für die Adligen und um Meßbücher und theologische Handbücher für die Kirchenfürsten. Eine Erweiterung bilden von jetzt an neue Werke: Traktate über Philosophie, Logik, Mathematik und Astronomie erscheinen. Außerdem beginnen einige Autoren – zum Beispiel Dante –, in ihrer Muttersprache zu schreiben und erreichen auf diese Weise eine große Leserschaft, die zwar gebildet ist,

Ein reicher Bürger besucht den Buchmaler (hier ein Laie) in seinem Atelier. Zur Rechten des Künstlers liegen seine Arbeitsgeräte. Die in Gold auszuführenden Felder der Miniatur werden mit einer Schicht aus Blei, Zucker und Gips abgedeckt. Mit Wasser und Eiweiß verdünnt, kann man dieses Material mit der Feder auftragen. Nach leichtem Antrocknen wird darüber das hauchfeine Blattgold gelegt und mit einem Achat angedrückt. Diese Schicht muß so elastisch sein, daß sie sich mit der Seite biegt, ohne daß das Gold abplatzt.

aber des Lateins nicht unbedingt mächtig. Zum ersten Mal haben damit die Bürger Zugang zur Literatur.

Bald wird die Nachfrage nach Geschriebenem so groß, daß die Handwerker sie kaum mehr befriedigen können.

Um dem neuen Bedarf an geschriebenen Texten nachzukommen, verdoppelt und verdreifacht sich die Zahl der Schreibstuben. Damit wird auch die Produktion vielfältiger. Man findet von nun an Handbücher aller Art, über Küche, Erziehung, Medizin und Astronomie, doch daneben auch Romane.

Es gibt zahlreiche Bestellungen für Ritterromane (zum Beispiel das „Rolandslied") und höfische Liebeserzählungen. Der Kunde kann die gewünschte Art der Schrift und der Illustration selbst wählen, indem er verschiedene Schreibateliers aufsucht oder – was noch

Guillaume de Loris und Jean de Meung haben nacheinander am „Rosenroman" geschrieben. Die Vignette auf der linken Seite des Schriftblatts stellt den Autor des zweiten Teils dar.

häufiger vorkommt – sich an einen Verleger als Vermittler
wendet.

Im 12. und 13. Jahrhundert entstehen in der Nähe der Universitäten neue Zünfte und Bruderschaften.

Die Kundschaft wird immer zahlreicher: Zu den reichen
Händlern kommen noch die Studenten hinzu. Die
Gründung von Universitäten bedeutet in der Tat einen
neuen Markt für Kopisten, welche die autorisierten Texte
vervielfältigen. Natürlich können es sich nur wohl-
habende Studenten leisten, diese Fachleute zu beanspruchen. Die anderen müssen sich die Exemplare in einer
anerkannten Bibliothek ausleihen, um sie selbst Buchstabe
für Buchstabe abzuschreiben.

Angesichts der Vielfalt der Arbeit spezialisieren sich
die Handwerker immer mehr und schließen sich zu
Zünften zusammen, die ihre Rechte vertreten und ihre
Herstellungsgeheimnisse schützen. Auch das Lehrlings-
wesen wird streng überwacht. Ebenso wie die Kloster-
schüler fangen die zukünftigen weltlichen Kalligraphen
mit den niedrigsten Arbeiten an: Sie ziehen Linien
oder reiben Farben. Man ist der Ansicht, daß sie mindestens sieben Jahre lang ausgebildet werden müssen,
während derer sie unter anderem ein Gesellenstück aus-
arbeiten, das dem Handwerksmeister und seinen
Kollegen zur Begutachtung vorgelegt wird.

Wenn man den Gesellen der Meisterschaft für würdig
erachtet, erhält er den Titel eines selbständigen Schreibers
und das Recht, sich niederzulassen. Er bekommt aber
aus Konkurrenzgründen die Auflage, dies in einiger Ent-
fernung von der Werkstatt seines Meisters zu tun.

Die Manuskriptkorrekturen treiben manchmal phantasievolle Blüten.

Laut John Dreyfus, einem Experten der Geschichte der
Druckkunst, empfahl das Lehrlingsgesetz den Schreib-
schülern, jeglichen Exzeß zu meiden: nicht übermäßig zu
essen oder zu trinken, nicht zu häufig Verkehr mit
Frauen zu haben und keine Schwerarbeit zu leisten – dies
alles, um eine ruhige und sichere Hand beim Schreiben
zu behalten.

Ein Schreiber muß sich allen Schriftmoden anpassen
und jede Art Text kalligraphieren können. Aber er ist

Das Textfragment
gehört zur „Refor-
mierten Regel des heili-
gen Benedikt". Es ist in
spitzem Duktus mit go-
tischen Buchstaben, die
im 13. Jahrhundert auf-
kommen, geschrieben.

Unter den Werkzeu-
gen des Schreibers
nehmen das Messer und
das Lineal einen wichti-
gen Platz ein.

natürlich nicht über jeden Irrtum erhaben. Deshalb stellen die Ateliers oft einen Korrektor an, der am Rand die Fehler und die notwendigen Korrekturen vermerkt. Wenn es sich um Kleinigkeiten handelt, kratzt der Schreiber den Fehler aus, glättet das Pergament wieder und schreibt dann richtig darüber. Falls ein Wort fehlt, das man nicht einfügen kann, schreibt er es an den Rand und malt einen Finger, der den Platz des Worts im Text bezeichnet. Handelt es sich aber um mehrere Zeilen oder um fehlende Abschnitte, so bemäntelt man dies durch mehr oder weniger glückliche Kunstgriffe: Der fehlende Text wird am Ende der Seite angebracht, und man überläßt es dem Illustrator, ihn so mit Figuren einzurahmen, daß es scheint, als trügen diese ihn hinauf an die gewünschte Stelle.

Während die Auflagen der handgeschriebenen Bücher weiter steigen, die Ausbildung der Schreiber eine der anspruchsvollsten bleibt und etliche unter ihnen wahre Meisterwerke schaffen, genießen diese Handwerker und Künstler keinerlei soziale Anerkennung. Sie verdienen sogar nur knapp ihren Lebensunterhalt. Deshalb treten einige der Begabtesten ins Kloster ein, um bei der Ausübung ihrer Kunst den materiellen Nöten enthoben zu sein.

Im Lauf der kulturellen Entwicklung verbreiten sich die gotische Schrift und später die humanistische Antiqua.

Mit der Entwicklung der Manuskripte geht logischerweise eine Weiterentwicklung der Buchstaben einher: Die Kopisten in den deutschen Schreibstuben entwickeln allmählich die sogenannten gotischen Buchstaben. Dies geschieht mehr aus materiellen als aus ästhetischen oder

Eine Feder wird in mehreren Arbeitsgängen zugeschnitten:

(1) Schrägschnitt des Federendes.

(2) In die Mitte des Kiels wird eine Spalte geschnitten.

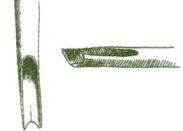

(3) Den Schnabel erhält man, indem man beide Seiten gleichmäßig ausschneidet.

(4) Wenn die Unterseite des Schnabels zu konkav ist, muß man das Ende abplatten.

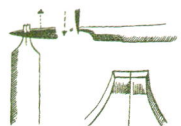

(5) Um den Schnabel zu schneiden, benötigt man eine harte, glatte Unterlage.

kulturellen Gründen: Da die gotischen Buchstaben enger als die karolingischen geschrieben werden, spart man Platz. Außerdem schneidet man damals die Federn schräg zu, wodurch die Kopisten gezwungen sind, ihre Feder seitlich und nicht flach zu halten. Diese Haltung paßt genau zu der gebrochenen (daher Fraktur-) Schrift mit spitzen Ecken. Zur selben Zeit beginnt auch der sogenannte gotische Stil in der Architektur, und es gibt unverkennbare Ähnlichkeiten zwischen der Form der Spitzbogengewölbe und -fenster und der Form der Buchstaben.

Als sich im 14. und 15. Jahrhundert in Italien die ersten Anzeichen des kulturellen Wandels zur Renaissance zeigen, taucht eine neue Schrift auf, welche die gotischen Formen verdrängt. Sie ist runder und breiter und bekommt den bezeichnenden Namen humanistische Antiqua. Diese Schrift erreicht gerade ihre weiteste Verbreitung, als ein Ereignis von unermeßlicher Bedeutung für die europäische Kultur stattfindet: die Erfindung der Druckkunst mit beweglichen Lettern.

Die Zeitgenossen Gutenbergs erkennen die Tragweite seiner Erfindung noch nicht.

Zunächst gleichen die Druckerzeugnisse den Handschriften noch sehr. Das Hauptanliegen des Druckers ist es, mit dem Schreiber konkurrieren zu können und ebenso luxuriös ausgestattete Ausgaben herzustellen wie die handgeschriebenen Werke. Auf den gedruckten Seiten spart man große Freiräume aus, die später von einem Illustrator ausgeschmückt werden. Überdies bemüht man sich, das Aussehen der Manuskriptseite so genau wie möglich nachzuahmen. Man erfindet daher außerordentlich komplizierte Großbuchstaben und variiert ihre Formen. Man benutzt sogar Gruppen von untereinander verbundenen Buchstaben, um die Verbindungsstriche zu imitieren, die die Feder naturgemäß zwischen den Buchstaben hinterläßt. John Dreyfus bemerkt dazu sehr treffend: „Als es sich darum handelte, das erste Buch zu drucken,

Dieses lateinische Manuskript (links oben) aus Italien (1458) entspricht dem Schriftstil des beginnenden Humanismus.

In der Druckerei (Ende des 15. Jahrhunderts) geht jeder seiner speziellen Tätigkeit nach. Rechts steht der Meister an der Presse. Ein Geselle reicht Papier zu. Über einer Leine trocknen die frisch gedruckten Blätter. Ganz links sind Schriftsetzer bei der Arbeit. Sie setzen den Text nach ihren Vorlageblättern. Der Geselle rechts neben der Säule liest gerade Korrektur. Im rechten Hintergrund des Bildes wird die Satzkolumne mit filzbespannten Tampons eingefärbt. Auf der Abbildung der rekonstruierten Druckerpresse von Gutenberg (links) haben die Tampons eine konische Form.

ging es vor allem darum, die sehr hochstehende Qualität der Gestaltung und Ausführung zu erreichen, die charakteristisch für alle Manuskripte war, mit denen man konkurrieren wollte. Die Großartigkeit der lateinischen Bibel, die Gutenberg 1450 druckt, verdankt der Schrift und der Ausschmückung der Manuskriptbibeln seiner Zeit sehr viel."

Es ist unsicher, ob Gutenberg seine lateinische Bibel ganz mit eigener Hand gedruckt hat. Stark vom mittelalterlichen Geist geprägt, ist die Bibel noch reich verziert. Sie hat 36 Zeilen, umfaßt 1242 Seiten und besteht aus zwei Bänden, dem Alten und dem Neuen Testament. Diese zwei Bände gehören zu den sogenannten Inkunabeln (Wiegendrucke; incunabula = Wiege). So nennt man alle Bücher, die vor 1500 gedruckt wurden. Dazu gehören auch das „Psalterium Moguntinum" (1457) und als erstes weltliches Werk Ciceros „De officiis" (1465).

genē

n principio creauit deus celū ⁊
terram. Terra autē erat inanis
et vacua: et tenebre erāt sup fa-
ciem abissi: et spiritus dñi ferebā-
tur sup aq̄as. Dixitq; deus. Fiat lux. Et facta est lux. Et vidit
deus lucē q; esset bona: et divi-
sit lucem a tenebris. appellauit-
q; lucem diē et tenebras noctē.
Factūq; est vespe ⁊ mane dies
unus. Dixit quoq; deus. Fiat
firmamentū in medio aquar:
⁊ diuidat aquas ab aquis. Et
fecit deus firmamentū: diuisitq;
aq̄s que erāt sb firmamēto ab
hys que erāt sup firmamentū:
et factū est ita. Vocauitq; deus
firmamētū celū: et factū est vespe et mane dies scds. Dixit ve-
ro deus. Cōgregent aque q̄ sb
celo sunt in locū unū ⁊ appare-
at arida. Et factū est ita. Et vo-
cauit deus aridā terrā: cōgrega-
tionesq; aquar appellauit ma-
ria. Et vidit deus q; esset boni-
⁊ ait. Germinet terra herbam vi-
rentē et facientē semen: ⁊ lignū
pomiferū faciēs fructū iuxta genus suū: cui9 semē in semetip-
so sit sup terrā. Et factū est ita.
Et ptulit terra herbā virentem ⁊
facientem semen iuxta genus su-
um: lignūq; faciēs fructū ⁊ ha-
bens unūqdq; sementē scdm spe-
ciem suā. Et vidit deus q; esset
bonū: et factū ē vespe ⁊ mane
dies tercius. Dixitq; autē deus.
Fiant luminaria in firmamēto
celi. ⁊ diuidant diem ac noctē:
et sint in signa et tempa ⁊ dies
⁊ annos: ut luceāt in firmamēto celi et illuminēt terram. Et fac-
tum est ita. Fecitq; deus duo luminaria magna: luminare ma-
ius ut pesset diei et luminare minus ut pesset nocti: ⁊ stellas. ⁊
posuit eas in firmamēto celi ut
lucerent sup terrā: et pessent diei ac nocti: ⁊ diuiderēt lucem ac
tenebras. Et vidit deus q; esset
bonū: et factū est vespe et mane dies q̄rtus. Dixit etiā deus.
Producant aque reptile aīe vi-
uentis et volatile sup terrā: sb
firmamento celi. Creauitq; de9
cete grandia. et omnem animā
viuentem atq; motabilē quā p-
duxerant aque i species suas:
et omē volatile scdm genus su-
um. Et vidit de9 q; esset bonū:
benedixitq; ei dicēs. Crescite et
multiplicamini. ⁊ replete aquas
maris: avesq; multiplicentur su-
p terā. Et factū ē vespe et mane
dies q̄ntus. Dixit quoq; deus.
Producat terra aīam viuentem
in genere suo: iumēta et reptili-
a. et bestias terre scdm spēs suas. Factū ē ita. Et fecit deus bestias terre iuxta spēs suas: iumēta et omne reptile terre in genere suo. Et vidit deus q; esset bo-

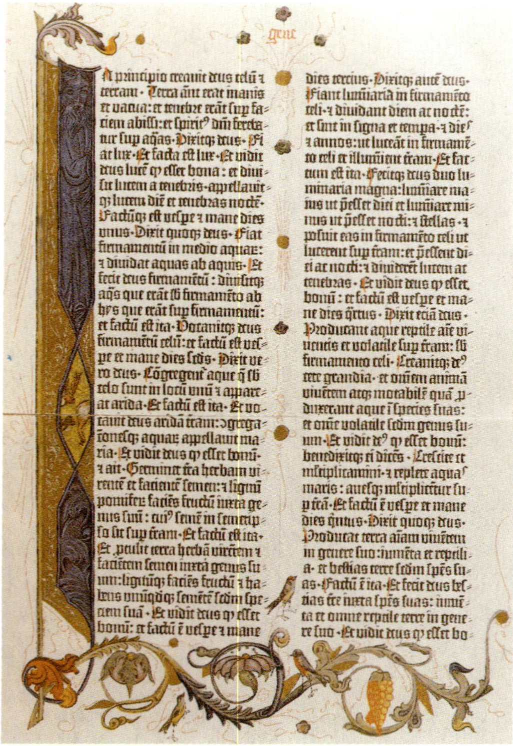

Die Buchdruckerkunst ist natürlich nicht an einem Tag entstanden. Sie leitet sich von gewissen technischen Erfindungen her, die allerdings weitgehend im dunkeln liegen. Die Chinesen kennen schon seit dem 11. Jahrhundert bewegliche Buchstaben. Auch die Schraubenpresse ist seit Jahrhunderten bekannt, und man hat sich ihrer schon vor Gutenberg bedient, nicht nur um Trauben auszupressen, sondern auch um das Papier zu glätten und Stoffe zu bedrucken. Anfang des 15. Jahrhunderts druckt man in Holz geschnittene Texte zusammen mit Heiligenbildern oder biblischen Szenen. Diese Abdrucke allerdings erzeugt man, indem man ein Blatt auf den eingefärbten Holzschnitt legt und dann das Bild abreibt. Gutenberg ist der erste, der die Druckerei mechanisiert und die Verfahren kombiniert.

Die langsame und mühselige Herstellung von Geschriebenem wird auch durch die Einführung des Papiers beschleunigt.

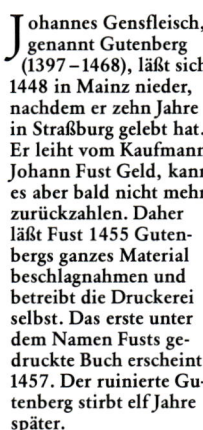

Peter Schöffer, ein früher Mitarbeiter Gutenbergs, erfindet die Möglichkeit, Buchstaben – insbesondere solche von ungleicher Grundlinie – mit Hilfe einer Blei-Antimon-Legierung zu gießen. Gutenberg schließlich begreift die Bedeutung des Papiers, eines Materials, das in China bereits benutzt wird.

Man weiß nicht genau, wann die Chinesen es erfunden haben. Doch es gilt als sicher, daß es im 2. Jahrhundert n.Chr. bereits in Gebrauch war. Nach vielen Versuchen mit verschiedenen Ausgangsmaterialien benutzen die Chinesen Leinenfasern für die Herstellung des Papiers, da sie die beste Qualität ergeben. Wenn sie *mazeriert*, gewaschen und gebrochen ist, liefert diese Faser eine Pulpe (Brei), die mit Wasser und Stärke vermischt wird.

Die Chinesen halten die Herstellungsweise des Papiers geheim, bis sie sie ihren mongolischen Eroberern im 8. Jahrhundert offenbaren müssen. Von den Mongolen kommt das Wissen um die Papierherstellung zu den Persern in Samarkand, von den Persern zu den arabischen Händlern. Durch deren Vermittlung gelangt das Rezept schließlich nach Spanien und Sizilien. Im 13. Jahrhundert gibt es in Europa bereits bedeutende Papierfabriken. Dort wird das Papier – abgesehen von einigen Verbesserungen – ebenso hergestellt wie schon 1000 Jahre zuvor in China.

Von nun an ist die Geschichte der Schrift gleichzeitig auch die Geschichte der Buchdruckerkunst.

Johannes Gensfleisch, genannt Gutenberg (1397–1468), läßt sich 1448 in Mainz nieder, nachdem er zehn Jahre in Straßburg gelebt hat. Er leiht vom Kaufmann Johann Fust Geld, kann es aber bald nicht mehr zurückzahlen. Daher läßt Fust 1455 Gutenbergs ganzes Material beschlagnahmen und betreibt die Druckerei selbst. Das erste unter dem Namen Fusts gedruckte Buch erscheint 1457. Der ruinierte Gutenberg stirbt elf Jahre später.

FÜNFTES KAPITEL

DER MENSCH UND DAS BUCH

Angesichts der Leistungsfähigkeit von Gutenbergs Druckerpresse könnte man glauben, die Kunst der Handschrift geriete nunmehr in Vergessenheit. Aber ganz im Gegenteil wird dank der Druckerpresse die Welt des Geschriebenen nach und nach der breiten Masse zugänglich, während die „Hand mit Feder" (Rimbaud) ein unverzichtbares Instrument zur Darstellung der Gedanken bleibt.

Die „Hand des Schreibers mit Feder" aus der Enzyklopädie von Denis Diderot und Claude d'Alembert (rechts) – und „Hände an der Presse" von Bernardo Cennini (links). Durch die Entwicklung des Druckereiwesens im 17. Jahrhundert erhält das Schreiben neuen Auftrieb.

Die erstaunliche Entwicklung des Buchdrucks und die
Vervielfältigung der Bücher führen in Europa und in der
ganzen damaligen Welt zur – wenn auch sehr langsamen –
Verbreitung von Kenntnis und Gebrauch der Schriftsprachen. Lesen und schreiben zu können bedeutet –
ebenso wie für die Schreiber des Altertums – eine gewisse
Machtposition. Die Schrift beherrschen heißt, die Welt
zu erobern, sagt Jean-Paul Sartre in „Die Wörter".

Heute schreiben die Wissenschaftler die ersten Drucke,
die mit beweglichen Metallbuchstaben erzeugt wurden,
etwa 200 Jahre vor Gutenberg, den Koreanern zu. Den
Namen des „koreanischen Gutenberg" jedoch hat uns die
Geschichte nicht überliefert. Wir wissen auch noch nicht,
auf welchen Wegen die Erfindung nach Europa kam.
Jedenfalls verbreitet sich die Mainzer Druckpresse von
Johannes Gutenberg, Johann Fust und Peter Schöffer ab
Ende des 15. Jahrhunderts rasch von Venedig bis nach
Antwerpen, von Lyon bis nach Nürnberg, von Paris bis
nach Prag.

Seit Beginn des 16. Jahrhunderts entstehen ganze Dynastien von Druckern, die mit Stempelschneidern, Schriftgießern und Typographen zusammenarbeiten.

In Venedig, der Wiege der italienischen Renaissance, versucht Aldus Manutius, seinen Metallbuchstaben die
schönstmögliche Form zu geben. Er erfindet die Antiqua,
die während des ganzen 16. Jahrhunderts überall in Europa
verwendet wird. Sie dient vielen Stempelschneidern als
Beispiel. Da Manutius wie Gutenberg die handgeschrie-
bene Schrift zu imitieren versucht, läßt er sich von den
Schriften Francesco Petrarcas inspirieren und schafft
die Kursivschrift mit ihren eleganten, leicht geneigten
Buchstaben. Luca Pacioli entwirft den sogenannten
Goldenen Schnitt nach den Proportionen des menschlichen Körpers, der, wie bei den Zeichnungen von
Leonardo da Vinci, in einen geometrischen Rahmen
eingefügt ist.

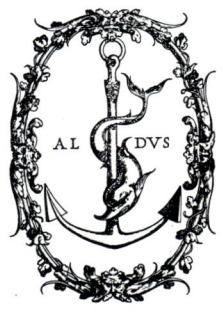

In Frankreich wird die Buchdruckerei entscheidend
durch die Werke von Geoffroy Tory beeinflußt. Er ist
Stempelschneider, Typograph und ebenfalls ein glühender
Bewunderer da Vincis. Er arbeitet in derselben Richtung
wie Pacioli und schafft den Stil Champfleury. Sehr
bald gehört er zum festen Mitarbeiterstamm von Simon
de Colines, einem der berühmtesten Drucker in Paris.

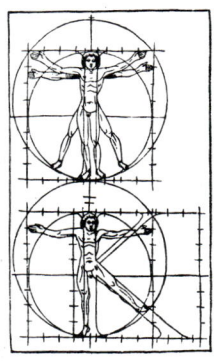

In der Renaissance wird die gotische Schrift Gutenbergs aufgrund des humanistischen Einflusses umgestaltet. Ähnlich wie die Künstler Leonardo da Vinci und Albrecht Dürer suchen auch die Schriftgießer nach den allgemeinverbindlichen Gesetzen der Schönheit und dem Goldenen Schnitt.

Simon de Colines, der sich eines von der Antiquaschrift abgeleiteten Buchstabensatzes bedient, nimmt sich vor, griechische Buchstaben zu entwerfen. Etwa zehn Jahre später, 1540/41, dienen seine Arbeiten als Grundlage für die königlich-griechischen Buchstaben („Grecs du roi"), die Claude Garamond nach Vorbildern des kretischen Kalligraphen Ange Vergèce schneidet. Diese Lettern, die König Franz I. von Frankreich in Auftrag gibt, werden heute in der Nationaldruckerei in Paris aufbewahrt. Im Zuge dieser Entwicklung gießt Garamond bald darauf seine Garamond-Antiqua, die sich an die von Tory anlehnt und ebenfalls zu den Höhepunkten der Schrift gehört.

Aldus Manutius (1449–1515) schafft zusammen mit dem Formschneider Francesco Griffo einen Schrägbuchstaben, den man zunächst aldinisch, dann allgemein italisch (= kursiv) nennt. Sein Druckzeichen (links unten) wird von seinen Söhnen weiterverwendet.

Robert Estienne in Frankreich, Christophe Plantin und die Familie Elzévir in Holland betreiben die frühen Druckereien.

Noch unter der Regierung des französischen Königs Franz I., einem erklärten Liebhaber der Wissenschaften, bildet sich eine richtige Dynastie von Schrifterfindern: die Familie Estienne. Die Protestanten Estienne sind nach Genf geflohen, wo Calvin beschließt, die gotischen Buchstaben zur Ausbreitung seiner Reformideen im Volk zu benutzen. So machen die Estienne (Henri I., Robert, Charles, Henri II., Paul, Antoine) aus der Stadt Ende des 16. Jahrhunderts ein Zentrum des europäischen Verlagswesens. Bis Mitte des 18. Jahrhunderts repräsentieren sie einen Beruf, der noch keine Trennung zwischen der Wissenschaft, der Übersetzung alter Werke, der Herstellung neuer Werke und der Neugestaltung von Alphabeten kennt.

In Holland ernennt König Philipp II. von Spanien den Buchbinder Christophe Plantin, einen Franzosen, der Bürger von Antwerpen wurde, zum Oberbuchdrucker. Plantin nutzt mit seinem einzigartigen Können das gesamte ihm zu Verfügung stehende Potential der Druckerei: In seiner Werkstatt arbeiten 16 Druckerpressen gleichzeitig. In 34 Jahren stellt Plantin mehr als 1500 Titel her, darunter die berühmte Polyglott-Bibel, die unter der Aufsicht des spanischen Humanisten Arias Montanus geschrieben wurde. Neben der Dynastie der Elzévir in Leyden, deren Ausgaben sich durch einen sehr engen Satz und das Drucken auf feines *Angoulême-Papier* auszeichnen, ist er der letzte große Renaissancedrucker und ein Vorläufer der modernen Druckerei.

R obert Estienne, ein brillanter Humanist und ab 1450 königlicher Drucker für Hebräisch, Lateinisch und Griechisch, veröffentlicht unter dem Markenzeichen des Ölbaums, dem Wappen seiner Familie, Bibeln, Psalter und etliche klassische Schriftsteller. 1539 stellt er sogar ein lateinisch-französisches Lexikon zusammen. Obwohl er zu den Freunden Franz' I. gehört, kann dieser den Protestanten nicht vor den Angriffen der Sorbonne schützen, und er muß ins Exil gehen.

Um das Buch handlicher zu gestalten und damit leichter verbreiten zu können, teilt man die Druckbögen in vier Teile. So entsteht das Taschen- oder Quartformat.

Ende des 16. Jahrhunderts, als Gegenreformation und Inquisition die Oberhand gewinnen und die reformatorischen

Mit dem Aufschwung der Druckkunst wird die Buchbinderei, die bis dahin klösterliche Domäne war, ein öffentliches Handwerk. Im 16. Jahrhundert ist der Buchbinder ein freier Handwerker mit eigener Werkstatt. Die große Zeit der Schule von Venedig unter Aldus Manutius beeinflußt die französische Buchbinderkunst. Die Buchbinder schließen sich zu einer Zunft zusammen, die in Frankreich bis 1791 besteht. In Paris stehen sie unter dem Schutz der Universität. Die Dynastie der Eve, Buchbinder aus Lyon, gehört zu den berühmten des 18. Jahrhunderts.

Ideen verfolgen, wird das protestantische Holland Zufluchtsort für Typographen und Drucker aus ganz Europa. So wird das Land zur Heimat einer Literatur, die überall sonst verboten ist. Elzévir nützt die Gelegenheit und führt überall Ausgaben im kleinen Taschenformat ein, was Manutius in Venedig schon geraume Zeit zuvor getan hat. Das Taschenbuch ist geboren.

Auch der Absolutismus der Könige verträgt sich schlecht mit der Unabhängigkeit des Geistes jener Gelehrten, die sich schon seit 1550 vom Latein losgesagt haben und eifrig Übersetzungen der griechischen und lateinischen Klassiker in den Landessprachen drucken und verbreiten.

Das Schicksal Etienne Dolets ist ein Beispiel für den
Konflikt zwischen der politisch-religiösen Macht und dem
Humanismus. Dieser Drucker aus Lyon wird am 3. August
1546 öffentlich in Paris verbrannt. Sein Herausgeben
der Werke von François Rabelais, Clément Marot und vor

Abbé Jaugeon wurde
zusammen mit Fil-
leau des Billettes und
Sébastien Truchet 1692
von der französischen
Akademie der Wissen-
schaften mit der „Be-
schreibung der Druck-
kunst" beauftragt. Er
geht von den ästheti-
schen Buchstaben aus
und sucht eine Methode,
wie man mit größter
Genauigkeit den geo-
metrischen Umriß er-
mitteln und gießen
kann. Diese Quadrie-
rung erinnert an die
aus Punkten zusammen-
gesetzten Buchstaben
des Fotosatzes.

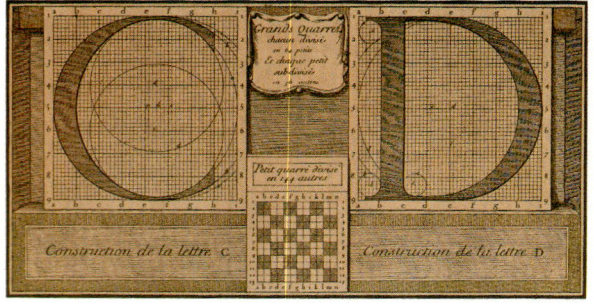

allem des „Handbuches des christlichen Ritters Erasmus"
hat den Zorn der Inquisitoren auf sich gezogen.

Zur Zeit des Sonnenkönigs werden die Buchstaben in ein „Gefängnis" von Quadraten gesteckt.

Nachdem das Buch in Holland so großen Erfolg hat,
ordnet der Sonnenkönig, Ludwig XIV. von Frankreich,
eine Reform des französischen Druckereiwesens an.

Abbé Jaugeon, ein Mitglied der französischen Akademie der Wissenschaften, wird von der königlichen Druckerei beauftragt, ein neues Alphabet zu entwerfen. In dieser
Epoche liebt man Ordnung und Genauigkeit, und so werden auch die Buchstaben mathematisch genau konstruiert.
Jeder Buchstabe wird in ein Quadrat gesetzt, das selbst
wieder in ein Netz von 64 Kästchen unterteilt ist. Dies
stellt den Archetypus typographischer Perfektion dar.
Schließlich ist es ein *Formschneider*, Philippe Grandjean,
der mehr künstlerisch als mathematisch veranlagt ist und
den Buchstaben endgültig umformt: Er verläßt sich dabei
mehr auf seinen Geschmack als auf Zahlen und schafft
1700 die Romain du roi. Seine Lettern werden heute in
der Nationaldruckerei in Paris aufbewahrt und sind unter
dem Namen Grandjean-Type bekannt.

Im Lauf der ersten drei
Jahrzehnte des Buch-
drucks versuchen die
Drucker, die Kunst der
Manuskripte so getreu
wie möglich nachzuah-
men. Sie richten sich an
eine Leserschaft, die an
die Codices der Buch-
maler gewöhnt ist.
Die ersten Bücher, die
großformatig gedruckt
werden, sind sehr teuer.
Durch die Erfindung
des in Minuskeln
geschriebenen kleineren
Formats durch Aldus
Manutius werden die
Bücher billiger und
lassen sich bequemer
handhaben.

Im Zeitalter der Aufklärung entsteht eine neue Weltschau und ein neuer Geschmack.

Zur Verzierung der „Enzyklopädie" von Denis Diderot und Jean Le Rond d'Alembert benutzt man nicht mehr

Letter der Buchstabenverbindung Œ von Grandjean, aufbewahrt in der Nationaldruckerei in Paris. Nachdem der Stempelschneider jeden Buchstaben mit Sticheln und Feilen aus einem Stahlklötzchen herausgearbeitet hat, macht der Gießer davon eine Kupfermatrize (Hohlform). Von dieser Matrize kann man Hunderte von Exemplaren aus einer Blei-Antimon-Zinn-Legierung gießen.

Auf dieser Seite aus der Enzyklopädie von Diderot und d'Alembert sind Bleiformen abgebildet (Fig. 4), die unterschiedlich große Zwischenräume (Spatien) zwischen den Wörtern (Fig. 5) sowie den spiegelverkehrten Satz im Winkelhaken (Fig. 6) zeigen.

Girlanden- und Rankenwerk, sondern strebt eine technische Darstellungsweise an. Es geht darum, die Dinge klar abzubilden.

Im 18. Jahrhundert ist das Interesse am Buch weiter gewachsen. Der Leser fordert weniger Unterhaltung, als vielmehr Informationen. Und um Informationen leichter erfassen zu können, braucht man eine übersichtliche Form. Aus diesem Grund schafft die Familie Didot ein neues Alphabet, das den Anforderungen gerecht wird.

1755 entwirft François-Ambroise Didot Buchstaben von beispielhafter Klarheit und Einfachheit, die von Pierre-Louis Wafard gegossen werden: Die sauberen *Grundstriche* und die gestochen scharfen *Haarstriche* machen die Didot-Schrift zum Kleinod der französischen Typographie.

In England entwirft William Caslon 1716 eine schöne Antiqua, in der 1776 die amerikanische Unabhängigkeitserklärung gedruckt wird. John Baskerville, der Meister der englischen Buchdruckkunst und Erfinder

von Antiqua und Kursivschriften, erlangt solche Berühmt-
heit, daß man ihn in Frankreich und Italien nachahmt.

Einer seiner genialsten Imitatoren ist italienischer
Herkunft: Giambattista Bodoni entwirft die nach ihm be-
nannte Bodoni-Schrift. Die Bodoni breitet sich in ganz

Bleiletter des E der
Didot-Schrift. Die
Familie Didot ist zwei
Jahrhunderte lang durch
eine beeindruckende
Zahl von Verbesserungen
und Erfindungen im
Druckereiwesen füh-
rend: Herstellung von
Velinpapier ohne Form-
streifen und Wässerungs-
spuren, Definition des
typographischen Punk-
tes (= 0,376 mm), typo-
graphische Maßeinheit
und Verbesserung der
ersten Maschine zur
Herstellung von Endlos-
papier.

Europa aus und wird in England bis in die Mitte des
20. Jahrhunderts im Zeitungsdruck verwendet.

Zahlreiche Erfindungen beeinflussen die Entwicklung der Schrift.

Bis 1783 kann man mit der Handpresse, die seit Gutenberg praktisch unverändert ist, nur etwa 300 Blatt pro Tag
drucken. Nun stattet Didot seine Presse mit einer Eisen-
platte und mit einem kupfernen Formstück aus. Bereits
1772 hat der Basler Schriftgießer Wilhelm Haas die eiserne
Druckpresse erfunden, die wenig später von dem Engländer Lord Stanhope noch verbessert wird. Das Drucken
von Fläche gegen Fläche wird durch die Methode Fläche
gegen Zylinder ersetzt. Die erste Maschine dieser Art wird
in London von dem Deutschen Friedrich König 1814 bei

der „Times" vorgestellt. Sie verfügt bereits über Farbauftragwalzen, und die Druckbogen werden manuell angelegt. John Bullock baut 1862 in Philadelphia die erste Rotationsmaschine mit Druck- und Gegendruckzylinder. Sie druckt stündlich auf eine Papierrolle ca. 9000 Zeitungsexemplare.

Buchstabe um Buchstabe einzeln zu setzen, erfordert viel Zeit. Die große technische Neuheit Ende des 19. Jahrhunderts ist die Benutzung von Matrizen, die oben in einem Magazin bereitgehalten werden. Mit der Linotype (= Zeilengießmaschine) werden nicht Einzelbuchstaben, sondern Matrizen zu Zeilen zusammengesetzt und als komplette Druckzeile gegossen. Danach werden die Matrizen wieder in das Magazin zurücktransportiert.

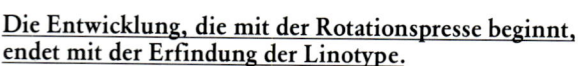

Die Entwicklung, die mit der Rotationspresse beginnt, endet mit der Erfindung der Linotype.

Seit Gutenberg werden die Texte Buchstabe für Buchstabe gesetzt. Bis 1872 nehmen die Setzer ihre Typen (Lettern) stets aus Kästen und stellen sie in *Winkelhaken* zu Zeilen zusammen. Diese sogenannten Griffe setzt man auf ein *Satzschiff* ab und bindet die Textseite mit der Kolumnenschnur zu einem festen Block aus. Ist der Text gedruckt, muß man die Bleitypen einzeln in die Kästen ablegen. In diesem Verfahren setzt man 1200 bis 1500 Zeichen pro Stunde.

Mit der Linotype gelingt es, die Geschwindigkeit auf 6000 bis 9000 Zeichen pro Stunde zu erhöhen.

Einen ähnlich großen Schritt macht man nur noch einmal, bei der Erfindung des Fotosatzes Mitte des 20. Jahrhunderts. Durch die Anwendung fotografischer Technik kann man nun auch nicht mehr im eigentlichen Sinn von Schreiben reden.

Ein Kenner der Druckgeschichte stellt fest: „Fünf Jahrhunderte später wäre Gutenberg wahrscheinlich überrascht, daß Zeitungen, Zeitschriften und gewerbliche Drucksachen das Buch auf einen eher bescheidenen Platz in der Gesamtheit der Druckerzeugnisse zurückgedrängt haben."

Mehrfarbige Drucke entstehen in Bogen- und Rollenrotationen mit (in der Regel) vier *Druckwerken* (Gelb, Rot, Blau, Schwarz). Mit acht Druckwerken werden Vorder- und Rückseite in einem Durchgang bedruckt. Das häufigste Druckverfahren ist der *Offsetdruck*, daneben noch der *Hoch-* und der *Tiefdruck*.

Im Jahr 1847 wird die Schön- und Widerdruckmaschine von Marinoni für die Zeitung „La Presse" in Frankreich in Betrieb genommen. Bedruckt werden Bogen im Format 95 x 134 cm. Nachdem eine Bogenseite bedruckt ist, wird der Bogen umschlagen und auch die Rückseite bedruckt. So erhält man zwei doppelseitig bedruckte Zeitungsdruckbogen von je 95 x 67 cm. Danach braucht man diese nur noch zu falzen, dann ist die Zeitung zur Verteilung fertig. Auf diese Weise druckt „La Presse" auf vier Maschinen 6000 Exemplare pro Stunde.

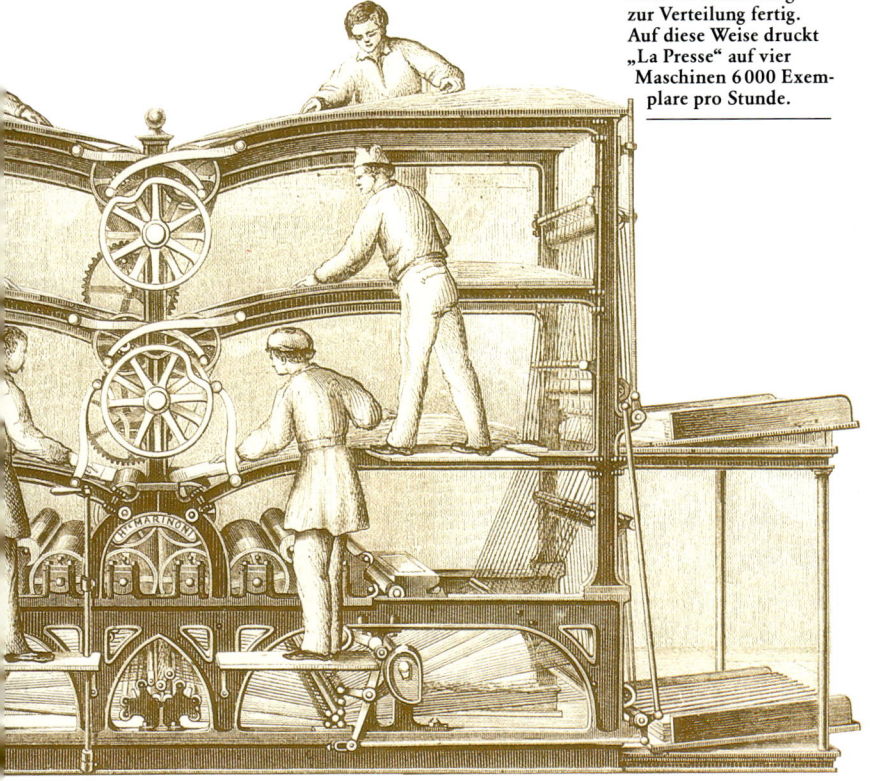

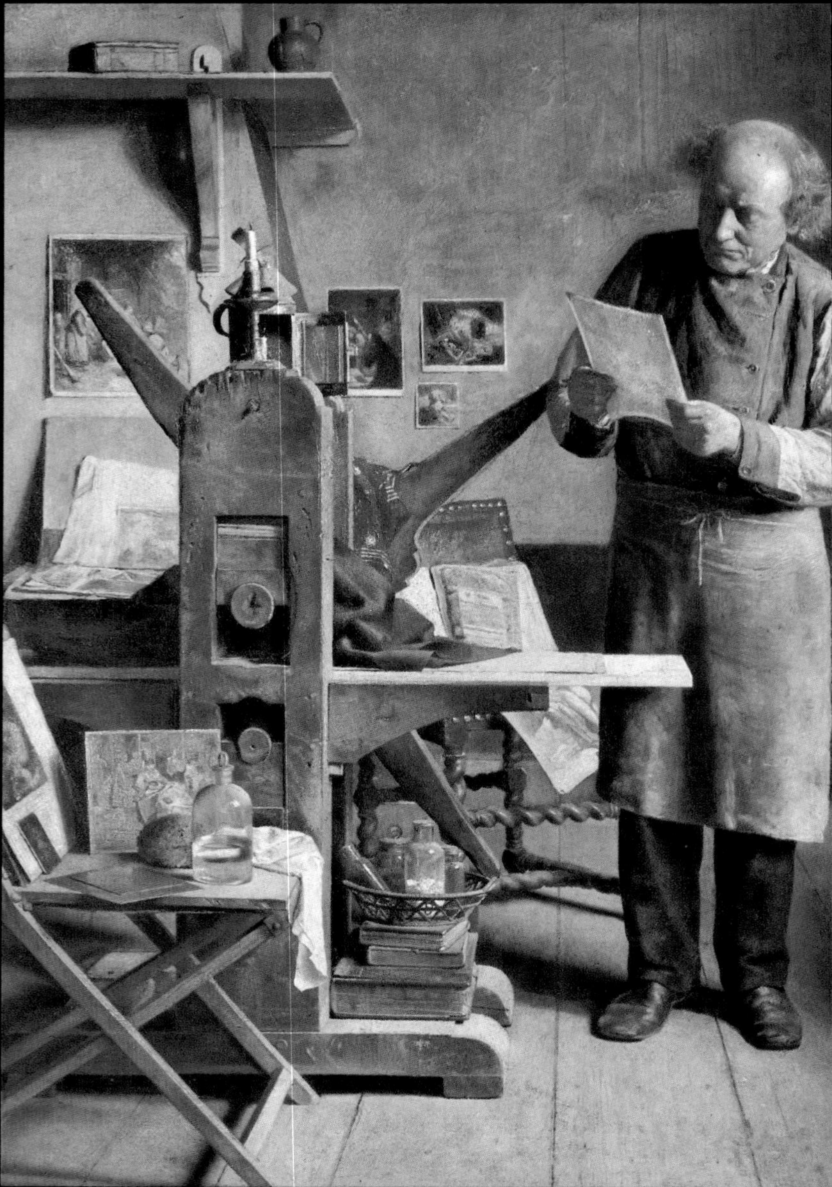

Der Kupferdrucker

Bis zum Beginn des 19. Jahrhunderts entsteht ein Druck eines Bildes durch das Pressen einer gravierten Platte aus Holz oder Metall auf Papier. Noch 1826 ist man auf den Kupferstich als Vorlage beschränkt. (Das Gemälde zeigt einen Kupferdrucker mit seiner Sternrad-Presse.) Mit der Zeit kommen zum Tief- und Hochdruck neue Methoden, mit deren Hilfe man Zeichnungen und sogar Gemälde vervielfältigen kann. Am Übergang vom 19. zum 20. Jahrhundert wird die Technik des Holzschnitts durch den Holzstich, der meist für die ersten großen illustrierten Zeitschriften benutzt wird, abgelöst.

In der Druckerei

Neben dem hochentwickelten Maschinendruck bleibt der Handdruck als Kunstgattung lebendig. Links sehen wir den Schriftsetzer vor seinem Setzkasten: Er setzt Zeile für Zeile in seinen Winkelhaken. In der Mitte sind zwei Gehilfen an der Presse beschäftigt: Der eine spannt einen Bogen auf einen Rahmen, den er später auf die Druckform klappt, welche sein Kollege mit einer Walze einfärbt – ein bemerkenswerter Fortschritt im Vergleich zu den Ledertampons, die zu Gutenbergs Zeit benutzt wurden. Rechts die Schriftgießer: Man schmilzt die Bleilegierung und gießt sie in ein Handgießinstrument, das die Kupfermatrize des Buchstabens enthält. Nach dem Guß wird der Buchstabe mit der Feile oder mit Schmirgelpapier entgratet.

Der Fortschritt im Druckereiwesen führt im 18. Jahrhundert zur Erfindung der Zeitung und Zeitschrift.

Die ersten regelmäßig erscheinenden Zeitschriften kommen Anfang des 17. Jahrhunderts in den Niederlanden und in Deutschland (z. B. „Aviso Relation oder Zeitung" in Wolfenbüttel, 1609) auf. In Frankreich erscheint die erste Tageszeitung, „La Gazette" von Théophraste Renaudot, am 30. Mai 1631, ab 1650 erscheint die erste deutsche Tageszeitung, die „Einkommenden Zeitung" in Leipzig. Bis zum Ende des 18. Jahrhunderts unterliegen alle Presseerzeugnisse, die in Auflagen zwischen 300 und 500 Stück erscheinen, der Zensur des Landesherrn. Während der Französischen Revolution, im August 1789, wird im Artikel 19 der Menschenrechtserklärungen die Pressefreiheit proklamiert, und im folgenden Jahr erscheinen allein in Frankreich über 300 Zeitungen. Alle träumen von einem ähnlichen Erfolg, wie ihn die große meinungsbildende Tageszeitung jenseits des Kanals, „The Times", verzeichnet, die 1785 von John Walter gegründet wurde. 1815 erreicht sie eine Auflage von 5000, 1854 bereits von 50000 Exemplaren.

Die Zahl der Zeitungen und ihrer Leser steigt im 19. Jahrhundert erheblich. 1803 bis 1870 erhöht sich in Frankreich die tägliche Zeitungsauflage von 36000 auf 1000000 Exemplare.

Ende des 18. Jahrhunderts entwickelt ein Deutscher in Prag die Lithographie.

Im ausgehenden 18. Jahrhundert steht das Druckereiwesen im wesentlichen noch vor einer großen Schwierigkeit: Text und Illustration in einem Gang auf der gleichen Maschine und auf demselben Papier zu drucken.

1796 wird Alois Senefelder auf eine sehr ungewöhnliche Eigenschaft der Kalksteine von Solnhofen (in der Nähe von München) aufmerksam: In feuchtem Zustand weisen sie Fett ab. Senefelder überträgt daher eine Zeichnung mit Fettkreide oder -tusche auf den Stein. Dann wird der Kalk mit einer Scheidewasserlösung geätzt und anschließend mit einer mineralsauren Gummiarabikumlösung behandelt. Hierdurch werden die von der Zeichnung freien Stellen fähig, Wasser aufzusaugen, und nehmen beim Einfärben des Steins keine Druckfarbe an. So entwickelt er das *Lithographie*verfahren und unternimmt 1805 auch die ersten Versuche mit Metalldruckplatten. Die Lithographie gewinnt sofort Einfluß auf den Buchdruck, vor allem aber ermöglicht sie ab 1860 die Erfindung und die Verbreitung des Plakats.

Was Planung und Arbeitsvorgänge angeht, trägt die Presse jener Zeit nicht zur schnellen Weiterentwicklung der typographischen Prozesse bei. Mit der Zeit aber wird den Verlegern bewußt, daß sie Text und Illustration geeignet verbinden müssen, denn erst dadurch wird die Zeitung zu einem breit einsetzbaren Organ.

Wenn auch die Produktion von Büchern und Zeitschriften dem Druckereiwesen vorbehalten ist, so verliert die Handschrift ihre Bedeutung doch nicht.

Briefe, notarielle Akten oder auch literarische Manuskripte werden bis heute vielfach mit der Hand geschrieben. Notarielle und juristische Akten können bis heute nicht völlig auf die „Handschrift" verzichten, da Verträge oder Verkaufsakten erst durch die persönliche Unterschrift rechtskräftig werden. Ohne Zeugen verfaßte Testamente müssen sogar vollständig von Hand geschrieben sein, um rechtskräftig zu werden.

Eine der Hauptursachen für den Erfolg von Zeitschriften wie z. B. „La Lune" liegt in der Verbilligung des Verkaufspreises: Am 1. Juli 1846 erscheinen zwei Journale, deren Abonnementspreis um die Hälfte niedriger ist als der anderer Zeitschriften. („Le Siècle" und „La Presse" kosten 40 Francs pro Jahr, also 10 Centimes pro Nummer.) 20 Jahre später erscheint „Le Petit Journal" zu 5 Centimes pro Nummer: Die Volkszeitung ist da.

„Die erste Haltung der Feder nennt man die gegenübergestellte, da die Feder fast dem Körper gegenüber gehalten wird, so daß sie auf der senkrechten oder schrägen Zeile absteigende Buchstaben hervorbringt. Die zweite Position ist die seitliche, denn die Feder wird so gehalten, daß die Spitze in Richtung der horizontalen Zeile zeigt; so werden Buchstaben auf dieser Zeile oder aber in Bögen darüber oder darunter geschrieben. Die dritte Position nennt man die entgegengesetzte, denn die Feder schreibt aufsteigende Buchstaben."

Paillasson,
„L'Art d'écrire", 1763

1750 gibt der Magister Johann Jantssen aus Aachen an, die Metallfeder entwickelt zu haben: „Ohne mich rühmen zu wollen, glaube ich doch die Ehre für mich in Anspruch nehmen zu dürfen, eine neue Feder erfunden zu haben." Der „Boston Mechanic" beansprucht die Erfindung der Stahlfeder für Amerika: Sie soll von „einem ehrenwerten und bekannten Bürger unserer Stadt, Herrn Peregrine Williamson", erfunden worden sein. Eine deutsche Veröffentlichung wiederum schreibt 1808 diese Erfindung einem Schulmeister aus Königsberg zu, während eine französische dokumentarische Broschüre von 1750 angibt, ein Franzose habe sie erfunden.

Es ist in der Tat möglich, daß die Stahlfeder wirklich in all diesen Ländern erfunden wird, da man ein Schreibgerät braucht, das genauso biegsam wie eine Gänsefeder, aber wesentlich haltbarer ist. Zunächst scheint nur Gold den Anforderungen zu entsprechen. Die ersten handgemachten Stahlfedern sind so hart, daß sie das Papier leicht zerreißen. Bald aber gelingt es, die Stahlfeder durch mechanische Prozesse weicher zu machen und sie in großen Mengen zu produzieren. Die Preise fallen, und die Stahlfeder wird zu einem der ersten Wegwerfprodukte unserer industriellen Zivilisation.

„Gut schreiben können, heißt gut denken können", sagt Blaise Pascal.

Zu Beginn des 19. Jahrhunderts werden die Instrumente für die „Hand mit Feder" vollkommener und ausgeklügelter. Größere Genauigkeit und Schnelligkeit, darauf zielen die Erfindungen des Füllfederhalters, der Schreibmaschine und des Kugelschreibers ab. Trotz der Erfindung von Telefon, Radio und Fernsehen hat die gesprochene Sprache die Schrift noch nicht verdrängen können. Im Gegenteil, denn die Hilfsmittel für das Schreiben werden bis heute intensiv weiterent-

wickelt und verbessert. Das gilt in besonderem Maß für die Textverarbeitungsprogramme der Computer. Doch selbst diese müssen, um für uns verständlich zu bleiben, auf die Buchstaben zurückgreifen, die sich im Laufe einer 5 000 Jahre andauernden Entwicklung herausgebildet haben.

Diesen kleinen Zeichen weist Etiemble eine wichtige Aufgabe zu, wenn er sagt: „Im Zeitalter des Fernsehens kann einzig und allein die Schrift noch versuchen, die Freiheit zu retten…"

Im Lauf des Winters 1806 schreibt der Dichter William Wordsworth an seine Gastgeber Sir und Lady George Beaumont einen Brief, den er selbst als „den längsten Brief, den ich je im Leben geschrieben habe", bezeichnet. Der Brief ist 18 Seiten lang. „Ich könnte nicht", sagt er darin, „in dieser Art bis zum Ende weiterschreiben, hätte ich nicht das große Glück, eine Ihrer Stahlfedern benützen zu können." Damit meint er einen der ersten Füllfederhalter.

SECHSTES KAPITEL

DIE ENTZIFFERER

Hieroglyphen, Keilschrift und kretische Linearschrift hätten ihre Geheimnisse ohne die zähe Geduld einiger Forscher nie preisgegeben. Diese Wissenschaftler haben mit unermüdlichem Eifer daran gearbeitet, die Schriftsprachen vergangener Kulturen zu entschlüsseln.

„Fragen wir uns doch einmal ganz ehrlich und einfach, ob jene, die die Hieroglyphen, die Keilschrift oder die kretische Linear B entziffert haben, ein wenig, wenn nicht sehr viel mehr zu bewundern sind, als jene, die die ersten Piktogramme zeichneten und so ein ganzes Vokabular auf einige Alphabetzeichen vereinfachten.“
Etiemble

Wer die vielfältigen und zeitlosen Schriftformen erfunden hat, deren man sich bediente und noch heute bedient, weiß niemand. Eine anonyme Schar von Schreibern und Schreibmeistern, von Beamten und Priestern hat im Lauf der Menschheitsgeschichte dieses Verständigungsmittel entwickelt.

Jene Männer aber, die versucht haben, den geheimnisvollen in Ton gedrückten oder in Stein gemeißelten Zeichen einen Sinn zu geben, kennen wir, denn sie lebten im 19. Jahrhundert oder sind gar unsere Zeitgenossen.

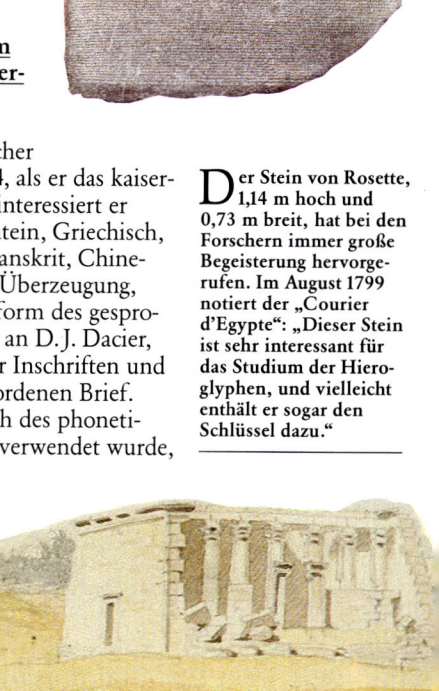

Das Leben Champollions, der 1832 im Alter von nur 42 Jahren stirbt, ist außerordentlich ereignisreich.

Der erste und wohl genialste Schriftforscher ist Jean-François Champollion. Seit 1804, als er das kaiserliche Gymnasium in Grenoble besucht, interessiert er sich für die Hieroglyphen. Er studiert Latein, Griechisch, Hebräisch, Arabisch, Syrisch, Persisch, Sanskrit, Chinesisch und Koptisch. Bald gewinnt er die Überzeugung, daß die koptische Sprache nur eine Spätform des gesprochenen Altägyptisch ist. 1822 schreibt er an D. J. Dacier, den ständigen Sekretär der Akademie der Inschriften und Literatur in Paris, einen berühmt gewordenen Brief. Darin legt er seine Theorie dar „bezüglich des phonetischen Alphabets, das von den Ägyptern verwendet wurde,

Der Stein von Rosette, 1,14 m hoch und 0,73 m breit, hat bei den Forschern immer große Begeisterung hervorgerufen. Im August 1799 notiert der „Courier d'Egypte": „Dieser Stein ist sehr interessant für das Studium der Hieroglyphen, und vielleicht enthält er sogar den Schlüssel dazu."

um die Beinamen griechischer und römischer Herrscher
auf die Denkmäler zu schreiben". Danach überprüft er
seine Theorie auch praktisch, indem er sie bei der Entzifferung des Steins von Rosette anwendet.

Diese unter dem Namen Stein von Rosette be-
kannte Stele wurde während der Ägyptenexpedition
Napoleons 1799 nahe dem am Westarm des Nils
und östlich von Alexandria gelegenen Hafen Rasshid
entdeckt. Sie stammt aus dem Jahr 196 v.Chr. von
der Thronbesteigung des zwölfjährigen
Ptolemäus V. Epiphanias.

Zu seinen Ehren wird ein Dokument in
griechischer Sprache verfaßt. Eine Kopie davon
wird in den Stein gemeißelt, und darunter erscheint derselbe Text in demotischer Übersetzung sowie in der hieroglyphischen Fassung.

Der Stein von Rosette gerät in die lange
Geschichte der französisch-englischen Aus-
einandersetzungen um die Vorherrschaft in Ägypten und
fällt schließlich an die Engländer, als diese 1801 Alexandria
einnehmen. Man transportiert ihn nach London ins
British Museum, wo er sich noch heute befindet. Champollion sieht 1808 eine Kopie davon in Paris. Mehrere
Jahre lang studiert er diese. Er überprüft den Hiero-
glyphentext auf besondere Merkmale und entdeckt zwei
Kartuschen. Er vermutet – wie man heute weiß, zu Recht –,
daß Kartuschen Herrschernamen umrahmen. Und zwei
Herrschernamen tauchen im griechischen Text auf:
Kleopatra und Ptolemäus. Bislang hat man geglaubt, daß
es sich bei den Hieroglyphen um Ideogramme handle.

Portrait von Jean-
François Champol-
lion, 1831.

Nestor l'Hôte beglei-
tet 1828 Champol-
lion auf seiner Reise
nach Ägypten. Auf sei-
nen Aquarellen ver-
merkt er auch seine
Beobachtungen: „Der
Tempel von Maharaqa
ist aus Granit erbaut
und nie vollendet wor-
den. Hieroglyphen gibt
es nur auf der Seite,
die in einem Stück her-
untergefallen ist und
deren Einzelteile noch
nebeneinander im Sand
liegen."

Die große Entdeckung Champollions ist es, daß jedes
Zeichen sich auf einen Laut, nicht auf ein Bild beziehen
könnte. Dank seiner ausgezeichneten Kenntnis der koptischen Sprache und des Griechischen gelingt es ihm, den
Inhalt der Kartuschen zu übersetzen.

Um den Stein von Rosette zu lesen, muß man „den Lebewesen in die Augen" sehen.

Champollion erkennt das
Prinzip, die Zeichen auf die
Blickrichtung der dargestellten
Lebewesen zu zu lesen und
stellt nach diesem Schema die
Leserichtung von rechts nach
links und von oben nach
unten her. Während die
ursprüngliche Richtung der
Lektüre für Kartuschen von
links nach rechts ist, deutet die
Blickrichtung des Löwen die
korrekte Leserichtung an.

Den Namenszug Kleo-
patras kennt Champollion
bereits von einem anderen
Stein, denn die entsprechende Kartusche am oberen
Ende des Steins von Rosette ist teilweise zerstört. So kann
er den restlichen Text dennoch entziffern und beweisen,
daß die Hieroglyphen nicht nur Bilder sind, sondern auch
Lautzeichen.

Die Entzifferung der Hieroglyphen stellt eine außer-
ordentliche Leistung dar: Champollion gelingt es fast ganz
allein, in eines der undurchsichtigsten Geheimnisse der
Geschichte einzudringen und der Wissenschaft der Ägyptologie den Weg frei zu machen.

1824 veröffentlicht er seine Ergebnisse in den „Darstellungen des Hieroglyphensystems der alten Ägypter".
1828 schließlich reist er nach Ägypten, wo er seine
Theorien erneut überprüft und beginnt, die unzähligen
Inschriften auf den Tempelwänden zu lesen. Voller Begeisterung berichtet er von seiner Reise und seiner Arbeit.
Bei seiner Rückkehr nach Frankreich stirbt er im Alter von
nur 42 Jahren an Erschöpfung.

Abbé Barthelemy
äußert als erster die
Hypothese, daß die ova-
len Rahmen Königsna-
men (Kartuschen) seien.
Champollion geht von
dem griechischen Text
aus, der Ptolemäus V.
nennt, und ordnet den
Hieroglyphen der Kar-
tuschen phonetische
Werte zu: So erhält er
das Wort PTOLMYS.

In zehn Jahren sam-
melt Champollion
das Material für sein
Buch: „Die allgemeinen
Prinzipien der heiligen
ägyptischen Schrift,
angewandt auf die ge-
sprochene Sprache wie
Grammatik". Erst 1841,
nach seinem Tod, wird
das Werk gedruckt.

Dans le premier Système applicable aux caractères Sculptés
en Grand, on cherchait, par des teintes plattes, à rappeler
à peuprès, la couleur naturelle des objets représentés : Ainsi les
Caractères figurants le Ciel. (1) étair peints en bleu, la terre (2)
en Rouge ; la lune(3) en Jaune, le Soleil (4) en Rouge, l'eau en
bleu ou en Verd (6)

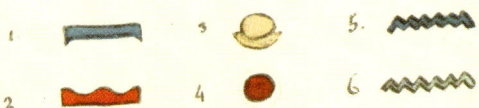

Les figures d'Hommes en pied, sont peintes, sur les grands monuments
d'après des règles assez constantes : les chairs sont en Rouge plus
ou moins foncé, les coeffures en bleu et la tunique blanche,
les plis des draperies étant indiqués par des traits rouges

On donnait ordinairement des chairs jaunes aux figures de femmes
et leurs vêtements variaient en blanc, en verd ou en Rouge.

Les mêmes règles sont suivis dans le coloriage des hiéroglyphes dessinés
en petit sur les stèles et les sarcophages : mais les vêtements sont tous
de couleur verte.

Die Nachforschungen der Keilschriftentzifferer sind spannend wie ein Kriminalroman.

Die Entzifferung der Keilschrift beginnt etwa um dieselbe Zeit wie die der Hieroglyphen. Im Gegensatz zum Alten

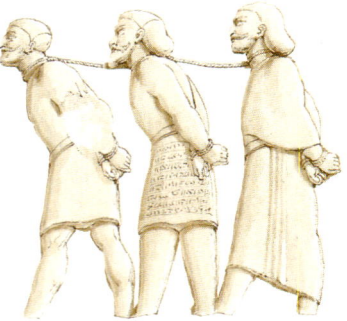

Ägypten ist Sumer aber, wie Béatrice Andrée Leicknam sagt, „seit mehr als 2000 Jahren dem Gedächtnis der Menschen entschwunden. Man fängt gerade erst an, sich Gedanken darüber zu machen, ob diese Ruinen uns vielleicht die älteste erhaltene Schrift offenbaren können."

Die Entzifferung der Keilschrift gelingt nicht einem einzelnen, sondern ist das Abenteuer einer Gruppe von Gelehrten. Zwischen 1800 und 1830 kommt es zu einer wahren Welle von Entdeckungen über das nahöstliche Altertum. Der Göttinger Professor Georg Friedrich Grotefend löst diese aus, als er mitteilt, er glaube, die Keilschrift von Persepolis entziffert zu haben.

Rasmus Rask, Eugène Burnouf, Christian Lassen und vor allem Henry Creswicke Rawlinson setzen seine Untersuchungen fort. Letzterer findet auf dem Felsen von Behistun in Persien ein ähnliches Phänomen wie Champollion beim Stein von Rosette: „Von den drei Spalten mit drei verschiedensprachigen persepolitanischen Inschriften versteht man die erste vollkommen und kann daraus die anderen erschließen." Novis findet heraus, daß die Sprache der zweiten Spalte Elamitisch ist, und andere Gelehrte, unter ihnen Rawlinson, versuchen die dritte Sprache zu enträtseln. 1851 gelingt ihnen die Übersetzung der 112 Zeilen der dritten Spalte: Es ist Akkadisch.

1857 schickt die Königlich-Asiatische Gesellschaft von London eine kurz zuvor entdeckte Inschrift gleichzeitig an vier Assyrologen: Rawlinson, Hincks, Talbot und Julius Oppert. Sie sollen sie unabhängig voneinander entschlüsseln. Einen Monat später schicken sie ihre Übersetzungen zurück: Alle vier stimmen überein.

Diese zusammengeketteten Sklaven auf dem Felsen von Behistun sind stumme Zeugen der verbissenen Arbeit Rawlinsons.

Henry Creswicke Rawlinson, Orientalist, Generalmajor, Parlamentarier, Präsident der Königlich-Asiatischen und der Königlich-Geographischen Gesellschaft, ist 1826 Nachrichtenoffizier der Armee in Indien: Dort lernt er Hindustani, Arabisch und Neupersisch. 1833, während eines Aufenthalts in Persien, beginnt er mit der Entzifferung der Keilschrift und liest die Schrift auf dem Felsen von Behistun.

Im Jahr 1905 schließlich legt François Thureau-Dangin auch die erste Übersetzung der ältesten Schrift der Geschichte vor: des Sumerischen.

Drei Inschriften auf Kreta stellen eine große Herausforderung für die Wissenschaftler dar.

Seit Anfang des Jahrhunderts macht man gewaltige Fortschritte in der Entzifferung alter Schriften. So schreibt Jean Bottero zur Entdeckung der kretischen Kultur und Schrift: „In der gesamten Geschichte der Geschichtswissenschaften gibt es wohl kein außergewöhnlicheres Abenteuer als das, welches die Gelehrten innerhalb von 100 Jahren von einem ersten Funken – den zunächst niemand beachtet hatte – zu einem wahren Feuerwerk von Entdeckungen und Entzifferungen geführt hat. Und so kamen wichtige Teile unserer Vergangenheit ans Tageslicht, die bis dahin für immer verloren schienen."

„Aufrecht, auf der obersten Stufe der Leiter, ohne andere Unterstützung als meinen Körper, den ich mit dem linken Arm so weit wie möglich am Felsen abstützte, während meine Linke ein Notizblöckchen und die Rechte einen Bleistift hielt, kopierte ich die oberen Inschriften, und die Begeisterung für meine Beschäftigung enthob mich jeglichen Gefühls für Gefahr."
Henry C. Rawlinson,
„Siege"

Der Engländer Sir Arthur John Evans ist es, der im Jahr 1900 in den Ruinen des alten Palastes von Knossos Bruchstücke von Tontäfelchen findet. Sie tragen Einritzungen, die man für eine Art Schrift hält.

Evans gelingt es, die drei Inschriften als kretische Linearschrift zu identifizieren.

Die älteste, sehr fragmentarische Inschrift stammt wohl aus der Zeit zwischen 2000 bis 1650 v.Chr. Einen anderen, offensichtlich jüngeren Text, der auf die Zeit zwischen 1750 und 1450 v.Chr datiert wird, nennt Evans Linear A. Diese Schrift ist bis heute von niemandem zufriedenstellend entziffert worden, ebensowenig wie die Zeichen auf dem Diskus von Phaistos. Außerdem behauptet Evans, daß von einem nicht genau bestimmten Zeitpunkt an eine neue Schrift, die sogenannte Linear B, die Linear A

Rekonstruktion des Palastes von Knossos in Kreta von Arthur John Evans. Seiner Ansicht nach zählte die Stadt, die 4 km vom Meer entfernt lag und Paläste und Amtsgebäude besaß, 80 000 Einwohner. Zusammen mit dem Hafen, dem heutigen Heraklion, wäre Knossos von 100 000 Menschen bewohnt gewesen.

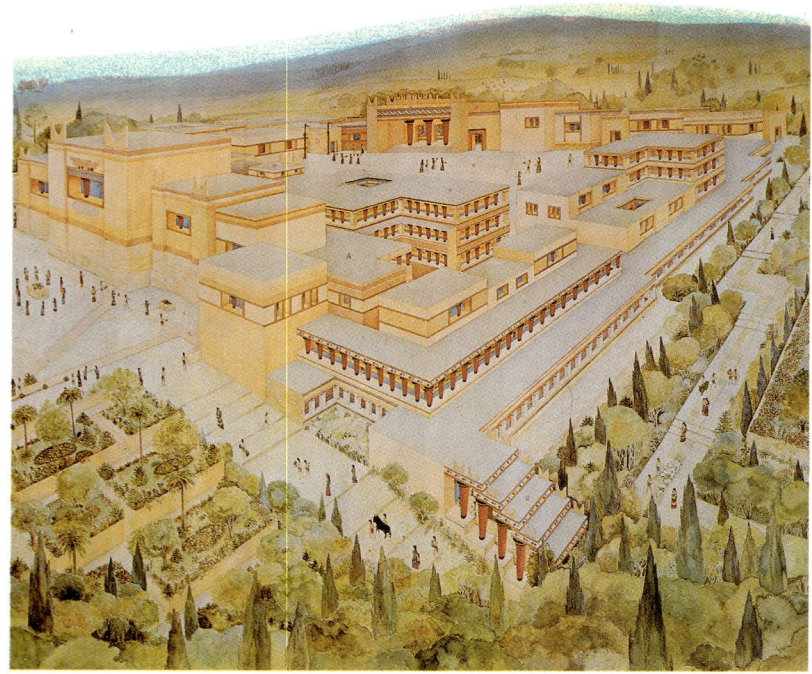

abgelöst habe. Bis zu seinem Tod im Jahr 1941 findet Evans noch eine Vielzahl von mit Linearschrift beschriebenen Täfelchen. Er arbeitet selbst an ihrer Entschlüsselung und gibt viele wichtige Hinweise, doch es ist ihm nicht vergönnt, die Lösung des Rätsels zu erleben.

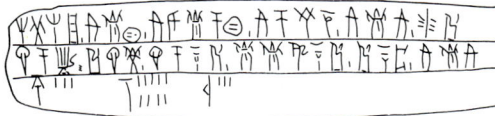

Fünf Jahre vor Evans' Tod schwört einer seiner Schüler, er werde „die Fackel weitertragen".

1936 hält Evans in London einen Vortrag mit dem Titel: „Über die seit langem vergessene Kultur auf der griechischen Insel Kreta und die geheimnisvolle Schrift, welche jenes sagenhafte prähistorische Volk benutzte." Unter den Zuhörern befindet sich ein 14jähriger Schüler, der sich für alte Sprachen begeistert: Michael Ventris. An jenem Tag in Burlington House schwört er sich, die kretische Schrift zu entziffern. So beginnt er schon bald, mit Spezialisten zu korrespondieren.

Schließlich gelingt es Michael Ventris nicht nur, die Linear B zu lesen, sondern er kann auch nachweisen, daß die Bewohner von Mykene auf dem griechischen Festland zur Zeit der homerischen Helden diese Schrift benutzten. Diesem Ergebnis geht jedoch eine Reihe von kleinen und widersprüchlichen Entdeckungen voraus.

Sein Freund und Mitforscher John Chadwick faßt in wenigen Worten das besondere Genie Ventris' zusammen – eine Begabung, die allen Enzifferern im Grunde gemeinsam ist: „Ventris war fähig, in der verwirrenden Vielfalt der Zeichen dieser Schrift Schemata auszumachen und die Konsonanten, welche die verborgene Struktur enthüllten. Diese Begabung, eine Ordnung in scheinbarer Unordnung zu erfassen, ist das Zeichen der großen Männer bei all ihren Erfolgen."

Die Zeichen der Linear B, die in der minoischen Zeit verwendet wird, findet man auf Tontäfelchen oder Objekten, die nicht nur auf der Insel selbst, sondern auch auf den Kykladen und auf dem Festland verstreut gefunden werden. Daher ist die Hypothese weitgehend anerkannt, daß das Kretische sich vom Achäischen, einer im 2. Jahrtausend v.Chr. von den Griechen gesprochenen Sprache, ableitet. Manche Ideogramme sind leicht zu erkennen, aber die Bedeutung zahlreicher anderer Zeichen bleibt unklar, ebenso wie die gesprochene Sprache, die sich hinter dieser Schrift verbirgt.

Es gibt noch viele Schriften auf der Welt, die bis heute darauf warten, entziffert zu werden.

Seit Ventris sind weder in der Entzifferung der Linear A noch bei den Texten auf dem Diskus von Phaistos nennenswerte Fortschritte erzielt worden. Doch auch eine Reihe von außereuropäischen Schriften wie die der Maya

und die seltsamen Zeichen, welche die Megalithen der Osterinsel bedecken, bewahren – zumindest zum Teil – bis heute ihre Geheimnisse. Immerhin sind die Menschen mit Geduld, Begeisterung und Scharfsinn dahin gelangt, fast alle Schriften zu lesen, auch so ausgefallene wie die skandinavischen Runen und Ogham, die älteste keltische Schrift aus Gallien und Irland.

Die Erforschung der Schriftgeschichte hängt eng mit der Kenntnis der Weltgeschichte zusammen.

Die bis heute nicht entzifferten Schriften stellen eines der faszinierendsten Forschungsgebiete dar. Denn die Schrift gibt nicht nur Aufschluß über die Mythologie und Religion der einzelnen Völker einerseits und über politische und wirtschaftliche Vorgänge andererseits, sondern sie ist auch ein Indiz für den Erkenntnisstand der jeweiligen Kultur.

Die Sprache jedes Volkes – insbesondere in ihrer schriftlich fixierten Form – ist wohl die wesentlichste Quelle für alle historischen Wissenschaften. Und so vermittelt die 6 000 Jahre alte Geschichte der Schrift ein umfassendes Bild der menschlichen Gedankenwelt.

Die Monumentalstatuen auf der Osterinsel werden 1721 vom Holländer J. Roggeveen entdeckt. Man nennt sie Moa. Bis zum heutigen Tag konnten die dort gefundenen Holztäfelchen und die mehr als 500 verschiedenen eingravierten Zeichen – die vermutlich von denselben Händen stammen, die diese Statuen errichteten – nicht entziffert werden.

ZEUGNISSE UND DOKUMENTE

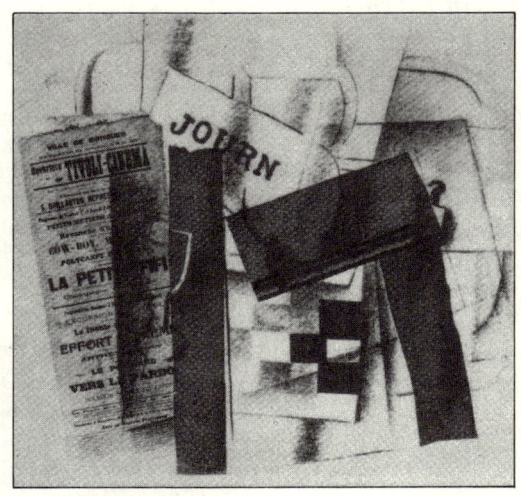

Der Buchstabe und die Stadt

In der modernen Welt scheint sich der Buchstabe besonders durch den Einfluß des Reklamewesens von den Wörtern zu lösen und ein Eigenleben zu gewinnen. Er überschwemmt gleichsam alles, was uns tagtäglich vor Augen kommt, sei es in geordneter Form wie in der Reklame, sei es „wild wuchernd" wie bei den Graffiti. Heute ist der Buchstabe ein unverzichtbarer Teil der zivilisierten Welt.

In unserer westlichen Zivilisation neigt der Buchstabe wieder dazu, sich von der Abstraktion wegzuentwickeln und Bild zu werden: Besser gesagt, er bekleidet unsere moderne Welt. Von diesen Buchstaben-Bildern gibt es einen atemberaubenden Katalog von Massin.

Die große New Yorker Arterie, der Broadway, und sein Epizentrum Times Square weisen die größte typografische Dichte der ganzen Welt auf.

Die Anzeigen des Kinos, Tempel des Lichts, in der 42. Straße; die Riesenreklame des Hotels „Stardust" in Las Vegas mit 15 000 Glühbirnen; Macy's (das größte Kaufhaus der Welt) Anzeige über sechs Stockwerke in New York. Ein Durchschnittsamerikaner sieht bis zu 1 500 Anzeigen an ein und demselben Tag. Der kritische Punkt wird in Las Vegas erreicht (sowohl am Tag wie nachts) und in Hongkong, wo die Stadt ein dauerndes Fest aus Farben und Formen ist.

Die Stadt ist ein großes offenes Buch von anonymer Handschrift. Es genügt zu schauen. Die Bilder sprechen zu uns:

Die Tankstellen mit all ihren Masten, Säulen, Flaggen, deren riesige Aufdrucke in der Sonne wehen.

Die Anzeigen in der Metro, die sich über die eingeschlafenen Fahrgäste neigen.

Die Mauern, die sprechen und Sprechblasen bilden, die Ballons, die das Wort in den Himmel tragen, auf den wiederum Flugzeuge ihre Botschaften malen.

Die Reklamespalten von Morris und die zerrissenen Anzeigen, die unbekannte Slogans bilden. Die Graffiti.

Die vergessenen Zeichen des letzten Jahrhunderts.

Die schwarzen Bretter der Märkte, die Ballen mit exotischen Buchstaben, der Zauber der Jahrmärkte.

Die Spezereihandlungen mit schachbrettartigen, vielfarbigen Preisschildchen, die Papierwände der Zeitungskioske, die Farbpuzzles der Pariser Drogisten, die Scheiben der Cafés, die ihre gotischen Aufschriften zur Schau stellen (Banana-Split, Ice-Cream Soda), die weißen Sudeleien von Spanien, die Markisen der Kaufhäuser, die Angebote des Schlußverkaufs, die Totalausverkäufe, womit die Fassaden der Läden behängt sind.

Die Etiketten mit Riesenpreisen in den Kaufhallen, die bemalten Wände, die buntscheckigen Häuser, die Botschaften der Hippies, „we love you", die italienischen Begräbnisanzeigen, die mineralogischen Zahlen, die Pläne.

Die Tageszeitungen, die Zeitschriften, die Prospekte, die Traktätchen, die Telegramme, die Bücher, die Lexika, die Jahrbücher, die Dissertationen, die Gebrauchsanweisungen, die Landkarten, die kleinen Annoncen

und die Liebesbriefe. Die Fernschreiben, die Sprechblasen, die Telefonmünzen, die Eintrittskarten und Banknoten, die kalligraphierten Speisekarten, die Auslagen der Buchhändler und der Immobilienhändler. Und all die Neonreklamen, die sich bewegen, Wörter, die blinzeln, Buchstaben, die auf die Aushängeschilder klettern und herunterpurzeln, die

zur Gesellschaft der Fußgänger ein-
herlaufen.

Die geheimnisvolle Arithmetik,
die die Wagen der Händler bedeckt,
der Lauf der Ziffern auf den Zählern.

Der Parillou aus Cuba zu Mon-
tréal: umgekehrt, dramatisch, ganz aus
Typographie, Wänden, Boden und
Decke.

Die Wegweiser und ihre vielfa-
chen Arme, all die Schilder, die über
der Straße hängen, sie wachsen aus
den Fassaden, den Giebeln, den Trag-
balken, sie überziehen die toten
Räume mit Zebramustern, sie stür-
men die Stockwerke.

Die Anzeigen („Seien Sie nicht
dumm – lernen Sie tanzen"), die von
den Pariser Dachtraufen herunterstei-
gen; die Verteiler-Automaten, die
Maschinen, die im Wettstreit stehen,
die Briefkästen, die Plakatfetzen, die
im Wind schaukeln, die Inschriften,
die über die Straße laufen, die Ver-
waltungsanschläge, die Wahlkampf-
plakate, die Schilderhäuschen der
Nationallotterie, die Stundenpläne,
die Straßenschilder, die „Ankleben
verboten" oder „Papiere hierherein,
bitte!".

Und all die „Vorsicht zerbrech-
lich", „Frisch gestrichen", „Notaus-
gang", „Polizei", „Stop", „Gehen",
„Parkverbot", „Kein Eingang", ganz zu
schweigen von all den Präpositionen
in Augen- und Handhöhe: „herein",
„heraus", „hinauf", „hinunter",
„ziehen", „drücken" …

Massin:
„Der Buchstabe und das Bild"

*Ebenso wie Bücher, die wirklich gelesen
werden, nimmt die Stadt durch ihre
Benutzer eine Patina an: die Graffiti.*

Wenn man von Graffiti spricht, glaubt
der Gesprächspartner, man meine
damit entweder geschriebene oder
gezeichnete Texte, ohne daß er wirklich weiß, ob es sich um das eine oder
das andere oder vielleicht um beide
handelt, da sie eng miteinander verbunden und mit den Anfängen der
Schrift verknüpft sind. Bild und Rede
sind schon immer zwei ganz wichtige
Arten des Ausdrucks gewesen, aber
der Mensch war viel früher in der
Lage, Bilder als Worte aufzuzeichnen:
Primitive Beispiele geschriebener
Wörter werden nicht vor dem 4. Jahrtausend v. Chr. angesetzt. Die ersten
Schriften erwachsen aus dem sozialen
Bedürfnis, die vergänglichen „verba
volantes" aufzuzeichnen; sie waren
Piktogramme, und nur in langsamer
Evolution bildeten sich die ideo-
graphischen Codes und danach die
phonetische Schrift heraus, wie wir sie
heute benützen.

Das Graffiti macht sich über
deren Fortschritt lustig: Es benutzt
die passendsten Mittel, um etwas
Notwendiges unter dem Zwang des
Augenblicks auszusagen. Ohne auf
eine Hierarchie zu achten, schwankt
es zwischen Darstellungen von mehr
oder weniger konventionellen Figuren
und eigentlicher Schrift. Man könnte
meinen, daß der archaische Eindruck,
den die Graffiti oft machen, weniger
von der Ungelenkheit der Schreiber
kommt als vielmehr von der radikalen
Ablehnung jeglicher Evolution. Auf
sie paßt die Bemerkung von Paul Klee:
„Schreiben und Zeichnen sind im

Grunde genommen identisch." Die
Botschaften, die die Graffiti so übermitteln, enthalten den ganzen Quer-
schnitt der kulturellen Schichtungen;
das Gedächtnis einer Kultur in viel-
fachen Etappen blüht hier auf.

Es gibt einen großen Unterschied
zwischen der Lektüre eines Textes
und dem Betrachten eines Bildes. Der
Blick, der die geschriebenen Zeilen
durchläuft, muß zwangsläufig dem
durch den Code festgesetzten Weg folgen. Der Körper, der liest, ist diesem
Zwang unterworfen und verzichtet
deshalb auf die Glücksmomente der
Einbildungskraft, auf die freischwe-
benden Anregungen. Selbstverständlich nimmt er sich zuweilen Freiheiten
heraus, springt quer von einem Wort
zum nächsten, liest diagonal. Andererseits heftet sich der irrende Blick,
der das Bild abgrast, an überraschende
Anhaltspunkte, spaziert abenteuer-
lustig von einem Zeichen zum anderen, und dies geschieht in der Regel
vor jeder figürlichen Darstellung.
Diese Freiheit, die dem Blick gewährt
ist, überträgt sich auf den ganzen
Körper: Der Drang, das Fleisch auf
dem Bild zu berühren, tritt so häufig
auf, daß man ausdrücklich und
dauernd daran erinnern muß, daß
dies im Museum verboten ist.

Die Dichter haben nie auf die
Freude verzichtet, Worte in den sicht-
baren Raum zu schreiben, durch
geschickte Anordnung der Zeichen
mit diesem Raum zu spielen. Die Tradition der Kalligramme legt davon
Zeugnis ab. Seit Mallarmé und seinem berühmten „Coup de dés" (Fall
der Würfel) geistert die Freiheit der
Wahrnehmung in Bildern durch die
ganze moderne Literatur. Andererseits haben Maler auf ihren Bildern
oft Worte eingefügt, Textfragmente,
geheimnisvolle Zeichen zwischen der
Schrift und ihrem graphischen Spiel.
Zur Zeit kann man die Ausstellungen
gar nicht zählen, die als Thema die
Beziehungen zwischen Malerei und
Schrift haben. Das Graffiti hat in
seiner Unschuld diese intime erste
Einheit zu bewahren gewußt – gegenüber den Übertreibungen kastrieren-
der Spezialisierung.

D. Riout, D. Gurdjian,
J.-P. Leroux:
„Le livre du Graffiti"

Wie sehr sich die Schrift in den verschiedensten Formen entwickelt, machen folgende Beispiele aus den unterschiedlichsten Bereichen deutlich.

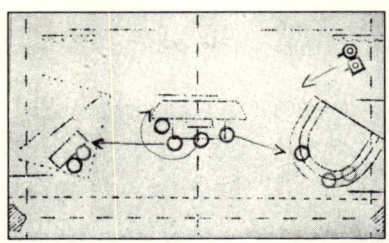

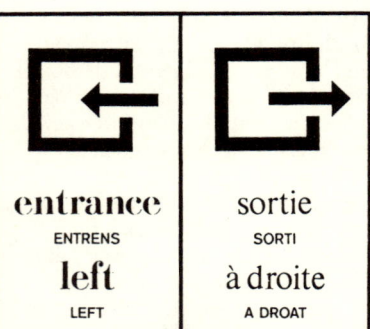

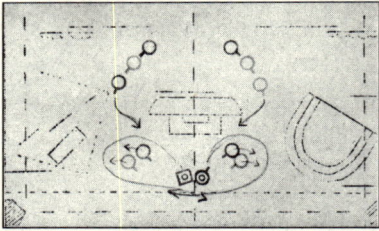

Beispiel einer Grundrißchoreographie.

International gebrauchte Piktogramme.

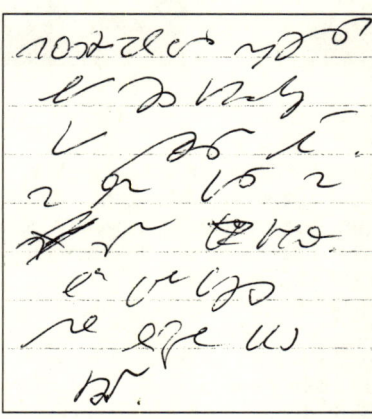

Stenographierter Geschäftsbrief.

Aus dem Kinetogramm zur „Josephslegende".
(Bayrische Staatsoper, München)

Das Erlernen des Schreibens

Die Geschichte der Schrift ist immer gleichzeitig auch eine Geschichte der Schule. Da gerade in der ersten Zeit der Schriftlichkeit die Fähigkeit zu schreiben mit großem politischem Einfluß verbunden war, institutionalisierte sich das Ausbildungswesen schon sehr früh. Und bis heute, da die Schrift mehr und mehr zum Allgemeingut wird (oder zumindest werden sollte), spielen Schule und Lehrer eine wichtige Rolle im gesellschaftlichen Leben.

Die Aufzählung aller Schulformen, die im Lauf der Geschichte entstanden, würde an dieser Stelle zu weit führen. Daher beschränken wir uns auf exemplarische Vorstellungen einiger wichtiger Lehrmethoden und Schulen.

Archäologischer Befund: Nach dem Übergang vom Jäger- zum Ackerbauer-Dasein entwickeln sich im Zeitraum von 12000 v. Chr. bis 3500 v. Chr. mehrfach schriftlose Stadtkulturen (Jericho 9000 v. Chr., Çatal Hüyük 6000 v. Chr., Lepinski vir 5000 v. Chr.). Also benötigen die Menschen – zeitlich und räumlich verschieden – etwa 6000 Jahre, bis sich ihre Staatswesen so weit verfeinern, daß es zu einer neuerlichen Verwaltungsreform kommt: zur Erfindung von Schrift (3500/3000 v. Chr.). In Mesopotamien wie in Ägypten handelt es sich um eine Silbenschrift, d. h. um eine Zuordnung bestimmter Laute zu bestimmten Zeichen. Die Einführung einer derartigen Schrift setzt eine zentrale Staatsgewalt voraus, die durch Erlaß nicht nur Schrift erfindet, sondern auch für einheitliche Verbreitung dieser Schrift sorgt: Schreibunterricht muß erteilt werden.

Die ältesten erhaltenen Texte sind Wirtschaftstexte, sind Texte mit Schrift- und gleichzeitig Zahlzeichen. Die Wirtschaftler erfinden den Berufsstand des Schreibers (Finanzverwaltung). Rechtsprechung und Theologie greifen die Möglichkeit einer Textfixierung sogleich auf. Schreiben, Rechnen, Lesen werden Voraussetzung für den gehobenen staatlichen Dienst. Während der Handwerkerlehrling dem Meister Handlangerdienste leistet, muß der Schüler dem

Schreibmeister Schulgeld zahlen. Erst nach Abschluß seiner Ausbildung ist der Schreiber einsetzbar – in Mesopotamien und Ägypten für alle staatlichen Aufgaben (3000 v. Chr.).

Erst nach weiteren 4500 Jahren werden Lesen, Schreiben, Rechnen selbstverständliche Voraussetzung einer erneuten Spezialisierung: Der Theologe ist im Abendland ab etwa 1500 n. Chr. nicht mehr gleichzeitig Jurist, Volkswirtschaftler, Mediziner und Historiker – wie im Islam noch heute –, sondern es spezialisieren sich im Abendland die verschiedenen „akademischen Berufe". Damit verbunden ist ab 1500 n. Chr. (Renaissance) eine Ausweitung des Schulwesens: Grundschule – höhere Schule – Universität – Forschungsinstitut (Akademie).

Peter May

Wie die Ausgrabungen im Zweistromland beweisen, gibt es schon im 18. Jahrhundert vor Christus Schulen, in denen mit Hilfe von Tontafeln das Schreiben gelehrt wird.

Ein geordnetes Staatswesen mit entwickelter Zivilisation und geistiger Kultur ist ohne geregelte Ausbildung der Führungsschicht undenkbar: Die Schule ist so alt wie die zivilisierte Menschheit selbst. So fanden auch die Wiederentdecker der altorientalischen Welt im Zweistromland sehr bald die Zeugnisse des sumerisch-babylonischen Bildungssystems: Tontafeln mit Schreibübungen der Uruk- und Dschemdet Nasr-Zeit aus Uruk und Kisch, etwas jüngere aus der „Sintflutstadt" Schuruppak und aus Ur; und der langen Folge der Jahrhunderte entsprachen immer neue Belege von Lehrermühe und Schülerpein zunächst im Schreiben und Rechnen, dann auch in den höheren Fächern der Philologie, Mathematik, Astronomie, Landmeßkunst, Geographie und so fort. In Sippar, Ur und Uruk glaubten die Ausgräber gelegentlich auch auf Schulräume gestoßen zu sein; indes blieb es A. Parrot vorbehalten, in dem uns nun schon bekannten Palast von Mari zwei echte Klassenzimmer mit noch 5 m hohen Mauern fast unberührt wieder freizulegen (angemeldete Zweifel auf Grund der Tatsache, daß sich in ihnen keine Schülertexte fanden, sind gegenstandslos; bei ordentlichen Lehrern lag damals wie heute nichts herum).

Es handelt sich um zwei durch eine Tür verbundene Räume, die nebeneinander unmittelbar an der westlichen Außenmauer des Palastes gelegen sind, so daß die Schüler bequem und unter tragbarer Lärmentwicklung aus der Stadt hereingelangen konnten; der größere Lehrsaal mißt etwa 13 x 8 m. In beiden Räumen standen noch in zwei bzw. drei Reihen die harten, lehnenlosen Lehmbänke, auf denen die „Söhne des Tafelhauses" (so nannte man die Schüler) Jahre hindurch den lieben langen Tag verbringen mußten. Bezeichnenderweise grenzt der Schulbezirk, zu dem vielleicht noch ein kleiner Hof und ein Lehrerzimmer gehörten, unmittelbar an den Privattrakt des Königs: Offenbar war dieser an der Ausbildung seines Beamtennachwuchses – denn für diesen dürfte die Palastschule bestimmt gewesen sein – selbst interessiert und wollte Gelegenheit haben, Lehrer und Lernbeflissene überraschend persönlich zu inspizieren.

Dieser einprägsame archäologische Befund erhält nun Leben und Farbe durch die Entzifferung sumerischer Texte aus der Tempelbibliothek von Nippur, die man unter dem Begriff *edubba*-(„Tafelhaus"-)Literatur zusammenfaßt und als „Schulepen" bezeichnen kann. Es sind dies wohl meist von Lehrern selbst verfaßte Dichtungen, die sich – zuweilen kritisch, zuweilen mit der Tendenz zu Reformen des Unterrichtsbetriebes und nicht selten in humoristischem Ton – mit Schülern, Lehrern und Lehrbetrieb befassen und etwa aus dem 19./18. Jahrhundert v. Chr. stammen. In ihnen erscheinen der „Vater des Tafelhauses", der Rektor, die Fachlehrer wie der „Schreiber des Sumerischen" und die jüngeren Lehrer („älteren Brüder"); und wir hören da von mündlichen und schriftlichen

Übungen, Nachsitzen, Karzer und nicht zuletzt von der Prügelstrafe als der *ultima ratio*.

Denn auch damals waren die Schüler keine Engel (die Lehrer ebensowenig). Es gibt da eine reizende kleine Dichtung – Halbstarken-Probleme vor 3 700 Jahren! –, die S. N. Kramer erst 1957 veröffentlichte; es war ihm gelungen, sie aus siebzehn Fragmenten wiederherzustellen. In ihr macht ein hartgeprüfter Vater, selbst Schreiber von Beruf, seinem Ärger über den – seiner Meinung nach – mißratenen Schüler-Sohn Luft, indem er zunächst ein Zwiegespräch mit jenem wiedergibt. Hier, als Probe des Inhalts diese eröffnende, „gespannte" Unterhaltung zwischen dem aufgebrachten Vater und dem offenbar renitenten und patzigen Sohn; wir haben sie, um dem Charakter des Textes als einer Dichtung Rechnung zu tragen, in – dem Urtext eng angelehnte – Verse gesetzt:

„Wo bist wieder du gewesen?"
„Nirgendwo bin ich gewesen!"
„Bist du nirgendwo gewesen,
Weshalb bummelst du herum?
Marsch zur Schule, stelle dich
Deinem Lehrer vor und sage
ihm sogleich dein Pensum auf,
Mach den Ranzen auf und schreibe
Sorgsam deine Tafel ab,
Und der Lehrer soll dir gleich
eine neue Tafel geben!
Und dann kommst du geradewegs
Her zu mir und treibst dich nicht
Auf den Straßen noch herum!
Was hab ich dir jetzt gesagt?"
„Weiß es, kann's dir wiederholen!"
„Also, wiederhol es mir!"
„Will ich ja!" „Nun los, fang an!"

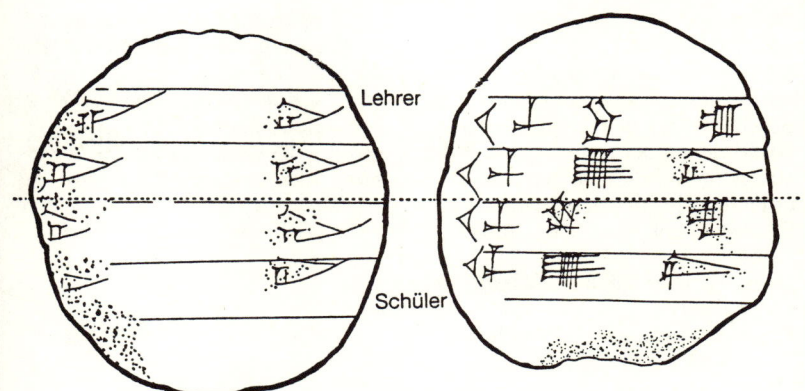

Lehrer

Schüler

Übungstafeln mit Personennamen. Die oberen beiden Zeilen schrieb der Lehrer, darunter wiederholte sie der Schüler.

„Aufgetragen hast du mir,
Daß ich in die Schule gehe,
Um mein Pensum aufzusagen,
Daß ich meinen Ranzen öffne,
Daß ich meine Tafel schreibe
Und der Lehrer eine neue
Tafel für mich richten soll.
Hab die Aufgaben ich fertig,
Soll ich bei der Sache bleiben,
Soll, wenn ich mich bei dem Lehrer
Abgemeldet, zu dir kommen …
Das hast du mir aufgetragen!"

Es folgt eine umfangreiche Philippika des Vaters, die er mit passenden Sprichwörtern würzt, nach der sich sein Ärger aber offenbar besänftigt hat. Denn der Schluß des Textes bezeugt, daß er noch nicht alle Hoffnung aufgeben wolle; nochmals ermahnt er seinen Sprößling, das Herumlungern auf den Straßen zu lassen, fleißig zu lernen und wie andere,

besser geratene Söhne auch in Haus und Hof hilfreich zuzugreifen …

Ein weiterer literarischer Fund gleicher Gattung, Zeit und Herkunft, gar aus 21 Fragmenten wieder zusammengesetzt und von A. Falkenstein bearbeitet, führt uns unter dem Titel „Der Sohn des Tafelhauses" nicht ohne Humor näher in den Schulbetrieb und das Kollegium ein. Auch damals war die Gehaltsregelung für das Lehrpersonal der „öffentlichen Schulen" – andere lagen in den Tempeln oder waren private Anstalten – anscheinend nicht eben fürstlich; die Göttin Nisaba, die sich, in Umma verehrt, von einer Fruchtbarkeits- und späteren Bäckergöttin zur himmlischen Herrin des Schulwesens aufgeschwungen hatte, scheint eine recht sparsame Dame gewesen zu sein, obwohl sie unter ihren Schülern Prinzen und Könige hatte: Nennt sich doch selbst der mächtige König Schulgi von Ur den „weisen Tafelschreiber der Nisaba". Indes ließ sich das knappe Lehrersalär zuweilen durch kleine, die Freundschaft erhaltende Gaben ein wenig aufbessern; so etwa in der aus unserem Poëm ersichtlichen Art, daß dem langjährigen Klassenlehrer des endlich graduierten „Jungschreibers" durch den ebenso erfreuten wie erleichterten Vater ein Ehrengeschenk überreicht wurde:

„Der ‚Sohn des Tafelhauses' nahm den Lehrer
An seine Hand und ging mit ihm zum Vater
Und zeigte nun dem Vater eifrig vor,
Was alles in der Schule er gelernt.
Da hub der Vater froh zum Lehrer an:
‚Du halfest meinem Sohn voran, du führtest
Ihn in die Wissenschaften ein und zeigtest
Die Künste ihm der Tafelschreiberei,
Du lehrtest rechnen ihn und Bücher führen,
Nun sind ihm alle Schwierigkeiten klar…'
Wie Wasser fast, so goß er gutes Öl
In seinen Krug, er reichte ihm ein Kleid
Als Gabe, auch ein Geldgeschenk
Und steckte einen Ring an seinen Finger."

Gerührt erteilt darauf der Lehrer seinem abgehenden Zögling den Segen und wünscht ihm alles Gute und Nisabas Segen – und wir wollen hoffen, daß der also Entlassene im künftigen rauhen Leben seinem Magister und seiner Schule Ehre gemacht und sich selbst eine angesehene Position geschaffen hat.

Hartmut Schmökel:
„Funde im Zweistromland"

Im Alten Ägypten muß jeder Schüler, der Priester, Beamter oder Offizier werden will, die komplizierte Hieroglyphenschrift erlernen. Dies verlangt großen Lerneinsatz, da die Schriftzeichen je nachdem Worte oder Silben darstellen – oder gar nur bestimmte Eigenheiten bezeichnen. Das Buchstabieren der Wörter ist aus diesem Grund unmöglich.

 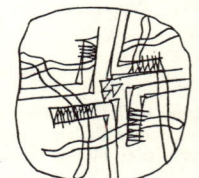

Zeichnungen auf Tafeln aus der Zeit kurz nach 2600 v. Chr.

Wir haben bisher von den Hieroglyphen gesprochen, also jener Schriftform, die die Gestalt der Zeichen (nicht ihre „innere Form"!) als Bilder bewahrt hat. Aber die Schüler haben nicht zuerst, wie unsere Studenten, die Hieroglyphen gelernt, sondern ihre Kursivform, das Hieratische. Auf die Hieroglyphen kommen wir nochmals zurück. Beim Schreiben auf Papyrus oder auf den glatten, fast weißen Kalkstein erhielten die Zeichen kursive Formen, die oft genug die zugrundeliegenden Hieroglyphen, also die Bilder, nicht mehr erkennen ließen – sie waren im Grunde auch gleichgültig, da die Zeichen ja nicht bedeuteten, was sie darstellten. Ob die Konsonantenfolge $w + n$ durch einen Hasen oder durch einen Schriftzug dargestellt wurde, der die Hasenform kaum mehr durchscheinen ließ, war belanglos – und da ein Beamter nur selten mit Hieroglyphen zu tun hatte, seine Akten vielmehr mit Pinsel auf Papyrus geschrieben waren, wurde in den Schulen diese kursive Schriftform zuerst gelehrt. Das Schrift*system* war aber – im Unterschied zu den Zeichen*formen* – genau dasselbe, so wie unsere Großbuchstaben auf Firmenschildern oder bei Leuchtbändern in Großstädten sich von den Typen eines Buches oder gar den Buchstaben eines handgeschriebenen Briefes unterscheiden, aber dem gleichen System folgen.

Aber das System lernten die ägyptischen Kinder nicht in der Schule – im Unterschied zu unseren Studenten. Der Grund war einfach der, daß die Schulkinder ja diese Sprache kannten und konnten. Sie wußten schon, dies Wort heißt „Haus", jenes „sein", und nun lernten sie, wie diese ihnen wohlbekannten Wörter zu schreiben waren, und zwar jedes Wort eigens. Wir Deutschen können zwar zur Not auch einmal ein noch nie gehörtes Wort schreiben, auch wenn es oft genug unorthographisch ausfallen wird, aber schon in England ist das unmöglich, und noch viel mehr waren die Ägypter darauf angewiesen, die Schreibung jedes einzelnen Wortes zu erlernen, zumal auch dort, wie bei uns, Homonyme durch die Orthographie unterschieden werden, bei uns etwa „mehr" als Steigerungsform von „viel" und das „Meer" mit Salzwasser, oder der „Mohr", der schwarze Mensch, von dem „Moor", dem Sumpf.

Daß sich solche Homonyme, wie wir sie in sehr begrenzter Zahl be-

sitzen und bei dem sog. „Teekessel"-Spiel verwenden, stark vermehren, sobald man die Vokale unberücksichtigt läßt, liegt auf der Hand.

Die Lautfolge m und r z. B., u. U. durch Vokale getrennt, ist häufig in der ägyptischen Sprache, und wenn man sie etwa mit Einkonsonantenzeichen schriebe – wie in einer modernen wissenschaftlichen Umschrift –, dann wären solche Texte kaum rasch zu verstehen (tatsächlich bedienen die Ägyptologen sich auch nur in Ausnahmefällen allein solcher Umschrift, da sie zu schwer zu lesen ist, zu oft vieldeutig). Es gibt eben eine ganze Reihe von Wörtern, ja sogar von Wurzeln, die als Konsonanten nur m und r haben.

Diese Überlegungen zeigen nicht nur die Zusammenhänge zwischen ägyptischer Sprache und Schrift, sondern führen uns auch zum Verständnis der Unterrichtsmethoden in der Schule, zur Notwendigkeit der Ganzwortmethode. Das Fortlassen der Vokale hat allein die Erfindung der Schrift um 3000 ermöglicht, hat aber, theoretisch betrachtet, eine Vieldeutigkeit der Schrift zur Folge, die zwar für einen Menschen, der Ägyptisch als Muttersprache beherrscht, nicht annähernd so lästig war wie für uns, die wir die Sprache nur mehr oder weniger vollkommen erschlossen haben, die aber immerhin auch damals hinderlich war – jeder will schneller lesen als er spricht. Dem helfen nun homophone Zeichen ab, also Zeichen, die bei verschiedener Form den gleichen Lautwert haben. Z. B. verfügt die ägyptische Schrift für die Lautfolge $m + r$, durch beliebige Vokale getrennt oder sich unmittelbar folgend, über mindestens vier verschiedene Zeichen: *m + r:*

eine Hacke

einen Kanal

einen Meißel

eine Pyramide.

Außerdem kann man die Lautfolge mit zwei Einkonsonanten-Zeichen schreiben:

Solche Differenzierungen der Schreibung für gleiche Laute haben wir auch in unserer rationalen Schrift. Die Folge *k + s* können wir *chs* schreiben (Fuchs), mit *x* (Hexe) oder mit *cks* (Häcksel), ja sogar, wenn auch selten, mit *ks* (piksen). Auch die Ägypter machen von dieser Differenzierungsmöglichkeit Gebrauch, um ihre Schrift zu verdeutlichen. Wörter von dem Stamm „lieben" z.B. werden mit der Hacke geschrieben, solche von dem Stamm „Weide, feucht, Bewässerung" mit dem Kanal, solche von *mr* „krank" mit dem Meißel, und die Pyramide, die auch *mr* heißt, mit diesem Zeichen. Nur zum Teil hängt die Wahl des Zeichens, mit dem ein Wort geschrieben wird, mit dessen Bedeutung zusammen (Pyramide und Kanal-Bewässerung), in anderen Fällen gar nicht (Hacke – lieben, Meißel – krank). Die Schreibung ist rein konventionell, so wie bei uns, wenn wir Seen und sehen unterscheiden, das zweite *e* und das *h* könnten auch umgekehrt verteilt sein, ebenso wie es willkürlich ist, das Malen des Malers mit *a*, das des Müllers mit *ah* zu schrei-

ben. Doch spielen, wie gesagt, im Ägyptischen die (in bezug auf die Konsonanten und damit auf die Schrift gesehen) Homonyme eine ungleich größere Rolle als im Deutschen und allen abendländischen Sprachen.

Der Ägypter erkannte bei der differenzierten Schreibung sofort, ob *mr* „Liebe", *mr* „Pyramide", *mr* „krank" oder *mr* „Vorsteher" (mit zwei Einkonsonanten-Zeichen *mr* geschrieben) gemeint war – und sprach dann das (vokallos geschriebene) Wort richtig aus, er las es richtig. Das nun hatten die Schüler zu lernen: Für jedes einzelne Wort die Rechtschreibung, nicht das System der Hieroglyphen. Sie lernten also nicht etwa: Der Hase gibt die Konsonantenfolge *w + n* wieder, die Hacke die Folge *m + r*, wie es unsere Studenten heute lernen, sondern sie lernten: Das (ihnen aus der Sprache ja geläufige) Wort für „sein" wird so geschrieben, das für „krank" so usw. Diese Aufgabe führte mit Notwendigkeit zur Ganzwortmethode. Die Aufgabe, die vor jedem Schüler der Welt steht, die tradierte Rechtschreibung zu erlernen, weil nur so eine Verständigung durch Schreiben und Lesen möglich ist, die Aufgabe, sich in diese Konvention einzufügen, diese Aufgabe bedeutete für einen Ägypterjungen, je ein bestimmtes Wortbild mit einem (ihm aus der Sprache bekannten) Wort gleichzusetzen. Die Aufgabe ließ sich nur oder jedenfalls weitaus am besten dadurch lösen, daß er von vornherein sich das Schriftbild ganzer Wörter einprägte, nicht (oder nur schwer) durch ein analytisches Lesenlernen.

Es mag am Rande interessieren, daß die unglaubliche Leistung der

Abstraktion von Lauten aus einer gesprochenen Sprache, wie sie der Schrifterfindung zugrunde liegt, keineswegs von allen Schülern, auch nicht von der Masse der Lehrer nachzuvollziehen war – sie beherrschten Lesen und Schreiben ohne das, so wie ein Ingenieur mit Logarithmen umgehen kann, ohne deren Ableitung zu kennen. Immer aber gab es einige – wir wissen nicht, wie groß die Schicht dieser Elite war –, die die Prinzipien der ägyptischen Schrift kannten und oft zu einem Ausbau der Schrift in bestimmter Richtung benützten, etwa zur Entwicklung einer Geheimschrift für bestimmte, hier nicht zu erläuternde Zwecke. (…)

Das ägyptische Schulbuch

Vermutlich im Zusammenhang mit der Einrichtung von Schulklassen entwickelten die Ägypter um 2100 v. Chr. das wahrscheinlich erste Schulbuch der Welt. Es hatte den Titel „Kemit", was wohl so etwas wie „summa" bedeutet, und enthielt in etwa 75 Zeilen Briefformeln und einige Redewendungen, die die Schreiber dieser Zeit als Handwerkszeug brauchten. Geschrieben war es in den damals geläufigen hieratischen Zeichen mit der Interpunktion dieser Zeit in senkrechten Zeilen, sie sich von rechts nach links folgten.

Dies Büchlein nun lag offensichtlich dem Anfängerunterricht zugrunde, an seinem Text lernten Tausende, wohl Hunderttausende von Ägypterkindern schreiben, die später in ihrem Beruf schreiben können mußten, also Beamte jeder Art, bestimmte Priester, bestimmte Militärs

sowie jene gehobenen Handwerker, die ihre Produkte mit Schrift versahen. Bauern, Bergarbeiter, Töpfer, Soldaten u. ä. brauchten keine Schrift zu beherrschen. Auch die überwiegende Zahl der Frauen konnte weder lesen noch schreiben.

Es ist nun bezeichnend für den konservativen Geist ägyptischer Schulen, daß diese Kemit etwa 1000 Jahre lang das Schulbuch für Anfänger blieb, selbst als sich die Schriftrichtung zu waagerechten Zeilen und als sich die Form der hieratischen Zeichen ganz erheblich gewandelt hatte – die Anfänger hatten die frühmittelhieratischen Formen in senkrechten Zeilen zu lernen. Wir besitzen mehrere hundert Abschriften des Büchleins aus dem Schulbetrieb, meist auf kostenlose, aufgelesene Kalksteinscherben geschrieben, auch einmal auf eine Schultafel. Jedenfalls waren ägyptische Lehrer jeder Sucht nach Reformen abhold – und Kultusministerien gab es noch nicht! So lernten also die Schulanfänger im Neuen Reich, d. i. um 1500 bis 1000, als erstes einen Text, den sie, da auch die Sprache sich entwickelt hatte, kaum mehr verstanden (er war immerhin 500 bis 1000 Jahre alt), in einer Schrift und Schriftrichtung, die sie später in Beruf und Leben nicht mehr verwenden konnten – die aber nicht nur durch das Alter eine gewisse Weihe hatten, sondern offenbar auch durch Einfachheit besonders geeignet schienen für junge Schüler, die sich jedenfalls bewährt hatten.

Die Änderung der Schriftrichtung um 2000 v. Chr. von senkrechten zu waagerechten Zeilen hatte zunächst also, d. h. auf 500 bis 1000 Jahre, gar

keine Auswirkung auf den Anfängerunterricht. Die fortgeschrittenen
Schüler lernten selbstverständlich
auch die unentbehrliche Umgangs-
schrift, und zwar gleich in mehreren
Varianten, sowohl die rasche Berufs-
schrift wie die ästhetisch befriedi-
gende Buchschrift oder Schönschrift
und schließlich die nur selten verwendete große Steilschrift für offizielle
Glückwunschadressen. Die Schüler
übten fleißig, indem sie nicht nur die
üblichen Schultexte sowohl nach
Diktat wie nach dem Gedächtnis (das
ausgiebig trainiert wurde) wie nach
schriftlicher Vorlage schrieben, sondern auch alte Akten und 100 Jahre
zuvor geschriebene Briefe kopierten,
kurz alles, was ihnen in die Hände
fiel, abschrieben, oft auch, weil Papyrus teuer war, auf die Rückseite alter
Akten. Kamen seltene, ihnen nicht
recht geläufige Zeichen vor, so übten
sie sie auf dem Rand, bevor sie sie
im Text anwandten.

Wann und wie diese „Schreiber"
Hieroglyphen lernten, wissen wir leider nicht – Maler und Bildhauer übten
auf Kalksteinscherben, immer nur
einzelne Zeichen. Wir müssen damit
rechnen, daß sie die Schreibkunst nur
recht schlecht beherrschten, und Votiv-
steine, die sie zum Dank für eine
Errettung oder mit der Bitte an eine
Gottheit für sich selbst herstellten,
zeigen denn auch im Text erhebliche
Unsicherheiten und Fehler. Oft genug
werden die ersten Entwürfe dieser
Männer an den Wänden von Meistern
oder Beamten korrigiert. (...)

Die ägyptische Schrift konnte für
einen ägyptisch sprechenden Schüler
am leichtesten, ja vielleicht überhaupt
nur mit Hilfe der Methode gelehrt

werden, ganze Wortbilder einzuprägen,
nicht einzelne Zeichen. Diese Methode
wird durch die ganze ägyptische
Geschichte durchgehalten – was einerseits völlig konsequent ist, da ja auch
die ägyptische Schrift ihre Struktur
nicht gewandelt hat, auch wenn verschiedene Kursivformen aufkamen –
die „innere Schriftform" blieb sich
immer gleich. Andererseits konnten
wir ein Beispiel übertrieben konserva-
tiver Haltung beobachten, die weit
über ein erwünschtes Maß an Stabili-
tät hinausgeht: Das Büchlein Kemit
wurde in einer seit Hunderten von
Jahren veralteten, obsoleten Schriftform und in ebenso veralteter Sprache
noch in der Ramessidenzeit dem
Anfängerunterricht zugrunde gelegt.

Hat also die Schrift selbst am
Anfang der ägyptischen Geschichte,
um 3000 v. Chr., die Unterrichtsmethoden weitgehend bestimmt, so bringen die Griechen um 600 v. Chr. zwar
keine neuen Methoden für den ägyptischen Schulunterricht, aber auch
schon in frühen Schuljahren eine Ver-
stärkung der Abstraktion, wie sie bis
dahin im Prinzip nicht unbekannt,
aber nur wenigen „Gelehrten", wie wir
heute sagen würden, vorbehalten war.
Ob diese Neuerung richtig war und
Vorteile gebracht hat, wage ich auf
Grund der Quellen nicht zu entschei-
den. Offenbar aber liegt hier ein auch
sonst aus der Schulgeschichte wohl-
bekanntes Absinken von Gelehrten-
erkenntnis zum Schulstoff vor.

Vorstehende Ausführungen zum
Thema Schrift und Unterrichtsmethoden in Ägypten könnten das alte
Klischee vom starren, innovations-
feindlichen Pharaonenland aufge-
wärmt haben. Eine solche Vorstellung

Schreiberfigur aus Saqqara. Wer schreiben lernte, gehörte zur Elite Ägyptens. Daher ließen sich viele Würdenträger als Schreiber abbilden.

können. Aber „verbessern" – diesen Begriff kannten sie sonst nicht, wollten so etwas auch nicht. Der beste Zustand der Welt liegt am Anfang, als Gott alles nach seinen Plänen, nach seinen wohltätigen Plänen, geschaffen hat, und die Aufgabe der Menschen kann nach ägyptischer Auffassung nur darin bestehen, weiteren Verfall aufzuhalten, wie ihn die Menschen immer wieder verursachen, allenfalls noch ein Stück Urzustand zurückzugewinnen. Das ist eine der Hauptaufgaben des Pharao.

Gewiß zwingen neue Verhältnisse gelegentlich zu Neuerungen, so auf dem Gebiet der Schule nach einer Revolution, in der die Schreibkenntnisse verhängnisvoll zurückgegangen waren, zur Zusammenfassung der künftigen Beamten, also der Jungen, die schreiben lernen mußten, zu Schulklassen, weil nur so die sofort dringend benötigten Beamten zum Neuaufbau der Verwaltung heranzubilden waren. Aber dennoch: Einen ungewissen Weg in eine nicht erkennbare Zukunft wollten sie nicht gehen, hätte das doch Emanzipation von Gottes Schöpfungswillen bedeutet – die Normen, die Werte sind in der Vergangenheit sichtbar. Wozu Methodenverbesserung? Ob man auch Angst hatte vor unerwünschten, verhängnisvollen Nebenwirkungen, wissen wir nicht, es mag sein. Allem Neuen gegenüber waren die Ägypter zunächst skeptisch. Und unser Urteil? Immerhin hat die ägyptische Kultur sich durch 3 000 Jahre gehalten!

Hellmut Brunner:
„Schrift und Unterrichtsmethoden im Alten Ägypten"

sollte doch zum Schluß modifiziert werden. Richtig ist, daß die Ägypter nur ganz vorübergehend, in der Glanzzeit um 1500 v. Chr., eine Vorstellung von Fortschritt hatten. Damals rühmte man sich neuer Erfindungen wie der Wasseruhr, des ältesten künstlichen Zeitmessers der Menschheit, ja aus einer Inschrift dieser Zeit spricht sogar die Erkenntnis, daß jede Neuerung dazu verurteilt ist zu veralten. (…)

Abgesehen von dieser kurzen Periode von allerhöchstens 200 Jahren aber haben die Ägypter eine statische Welt angestrebt – freilich ohne den Gang der Geschichte aufhalten zu

In der hellenistischen Schule, die als Wiege unserer heutigen Schule gilt, werden die Kinder hauptsächlich in Musik, Sport und Sprachen unterrichtet. Die Naturwissenschaften, für deren Entwicklung die Griechen so berühmt wurden, standen damals noch nicht auf dem Lehrplan.

Die Auskunft, die die Siegerlisten uns über den sprachlichen und literarischen Unterricht geben, ist ziemlich dürftig. Sie kann durch das, was von den Lehrern mitgeteilt wird, ergänzt werden. Offenbar war die Schule nicht gut mit tauglichen Lehrern in diesem Fach versehen. Turnen und Musik wurden mit großem Interesse geübt, angehende Lehrer darin konnten Kenntnisse auf dem Turnplatz und bei Musikaufführungen erwerben, die Ausbildung von Lehrern in der Sprache und Literatur beruhte auf Zufälligkeiten; es gab keine Examina für sie, keine Lehrbefähigung. Die Lehrer wurden, soweit bekannt, von der Volksversammlung gewählt. Der gewöhnliche Lehrer in der Sprache *(grammatodidaskalos)* war sicher nicht viel mehr als ein Elementarlehrer und wurde geringgeschätzt.

Im allgemeinen mußte man sich mit solchen Lehrern begnügen, die ihre Schüler nicht sehr weit in das Verständnis der Literatur und in die Behandlung der Sprache schriftlich wie mündlich einführen konnten. Daß dem so war, zeigt ein uns fremdartig erscheinender Umstand, der recht häufig vorkam: Wanderlehrer mit besserer Ausbildung, die von Ort zu Ort zogen, werden recht oft erwähnt. Wenn eine Gelegenheit sich darbot, einen solchen Lehrer für eine gewisse Zeit zu erwerben, wurde er hinzugezogen, und zwar oft durch das Eingreifen eines begüterten und interessierten Gymnasiarchen. Ein Gymnasiarch in Eretria stellte einen Rhetor und einen homerischen Philologen an, die im Gymnasium nicht nur Knaben und Epheben, sondern auch „die anderen" unterrichteten. In Priene wurde ein Grammatiker für den sprachlichen Unterricht angestellt. In Delphi hielt der Grammatiker Menandros berühmte Vorlesungen und weigerte sich, ein Honorar entgegenzunehmen, da er es zu Ehren des Apollon getan hatte. Eine andere, leider sehr lückenhafte delphische Inschrift ehrt einen Mann aus Skepsis, einen epischen Dichter, der seit seinem Knabenalter seine Gedichte im Gymnasium vorgetragen hatte. In Kallipolis wird ein Geometres von den Epheben, Knaben und Lehrern mit einem Kranz geehrt. Sogar in Pergamon wird ein Gymnasiarch belobigt, weil er Fremde, die Vorlesungen hielten, gut aufgenommen hatte und neben den Abgaben der Jungen zu ihrer Honorierung beigetragen hatte.

Es scheint, daß in Lampsakos Lehrer und Schüler aus anderen Orten, die sich in der Stadt aufhielten, von Steuern befreit waren. Diese Vergünstigung wird dadurch erklärt, daß Lehrer von anderen Orten dahin kamen und daß Schüler aus der Umgegend sich nach der Stadt begaben, wo es gute Schulen gab. Das letztere ist in Pergamon dadurch bezeugt, daß in den Verzeichnissen von Epheben dem Namen der Schüler oft der Wohnort hinzugefügt wird; viele Epheben entstammen den Landstädten des pergamenischen Reiches.

**Darstellung des griechischen Schulunter-
richts auf der Schale von Duris.**

Trotz der offenbaren Mängel des sprachlichen und literarischen Unterrichts wäre es vorschnell zu behaupten, daß er nur dazu taugte, die Elemente des Lesens und des Schreibens mitzuteilen. Schon die allgemeine Verbreitung dieser Kunst bedeutet doch recht viel, wenn damit die Verhältnisse in gewissen Ländern noch in neuerer Zeit verglichen werden. Die Schüler lernten wenigstens Homer kennen, dessen Gedichte das erste Schulbuch waren und von dem sogar die wissenschaftliche Forschung ausging. Man lese z. B. Strabon, der ihn so oft und so ausführlich in seinem geographischen Werk zitiert. Bei Homer lebten die griechischen Götter. Wenn die Schule sich auch nicht sehr in das Homerstudium vertiefte, wurde doch ein Grund gelegt, auf dem weiter aufgebaut werden konnte, und auf diesem Grund standen alle, Gelehrte wie Nichtgelehrte. Die hellenistische Schule hat den Grund gelegt für die ausgedehnte literarische Tätigkeit des hellenistischen Zeitalters; die wenigsten hatten Geld und Gelegenheit, sich an irgendeinen der großen Brennpunkte der Gelehrsamkeit und der Philosophie zu begeben, nach Athen, Rhodos, Alexandria. Wer das wollte, mußte es auf eigene Faust machen.

Abgesehen von den schon erwähnten Gastvorträgen fehlte es nicht an Gelegenheit, die Studien fortzusetzen; die Bibliotheken, die auch in kleineren Städten und in Gymnasien existierten. Es wurde schon erwähnt, daß die athenischen Epheben Bücher an die Bibliothek in dem Ptolemaiosgymnasium schenkten. In Pergamon gab es außer der großen berühmten Bibliothek auch andere, die vermutlich ihren Platz in den Gymnasien hatten. Bibliotheken werden nicht ganz selten erwähnt, z. B. in Halikarnass, Teos, Korinth und Delphi, wo sie privater Freigebigkeit verdankt wurden. Auf Kos errichtete ein Wohltäter am Anfang des zweiten Jahrhunderts v. Chr. eine Bibliothek und später der Leibarzt des Kaisers Claudius, Stertinius Xenophon, eine zweite. In Rhodos wurden Schenkungen an eine Bibliothek gemacht, die mit einem Gymnasium verbunden war; zwei Fragmente des Katalogs sind erhalten. In Nysa in Karien war eine Bibliothek, wo sich eine arg interpolierte Handschrift der Odyssee vorfand. Ein prachtvolles Bibliotheksgebäude aus dem Ende des ersten Jahrhunderts n. Chr. ist in Ephesos gut erhalten. In der Kaiserzeit sind Bibliotheken in den Städten allgemein. Die literarische Bildung war nicht so schwach, wie der mangelhafte Unterricht der Schule nahezulegen scheint. Sie beruht auf dem Interesse, und auch in unseren Schulen macht man die Erfahrung, daß dieser Unterricht nur schwache Spuren hinterläßt, wenn es bei den Schülern an Interesse mangelt. Im griechischen Altertum war das Interesse groß und lebhaft bei vielen.

Nach dieser Abschweifung, die zeigen sollte, wie den Mängeln, die dem sprachlichen und literarischen Unterricht der Schule anhafteten, einigermaßen abgeholfen wurde, und ferner, wie diese Studien fortgesetzt und vertieft werden konnten, kommen wir auf die Lehrer, ihre Anstellung und ihre Bezahlung zurück. Ausführliche Nachrichten darüber bringen die beiden Urkunden von den Schulstiftungen des Eudemos und des Polythrus. Sie betreffen zwar Kinderschulen, da aber die Sache hier mit so vielen Umständlichkeiten dargelegt wird, waren sie sicher in betreff der Ephebenschulen nicht geringer. Nach den Bestimmungen in der Urkunde des Eudemos aus Milet wurden vier Lehrer in der Sprache und vier im Turnen von der Volksversammlung gewählt, und zwar in einem feierlichen Wahlverfahren, das von umständlichen Vorsichtsmaßregeln begleitet war. Für die von Polythrus in Teos gestiftete Schule wurden in derselben Volksversammlung, in der die Beamten gewählt wurden, drei Lehrer in der Sprache, zwei Turnlehrer und ein Lehrer im Zitherspiel gewählt. Daß das Turnen hier nicht so stark wie der Sprachunterricht vertreten ist, beruht auf dem oben angezeigten speziellen Charakter der teïschen Schule. Wichtig und interessant ist die Einstufung der Lehrer und Schüler, die in dieser Urkunde vorgeschrieben wird. Von den drei Lehrern, die für den sprachlichen Unterricht gewählt werden, wird derjenige, der für „die erste Arbeit" angestellt wird, jährlich mit 600 Drachmen honoriert, der für „die zweite Arbeit" angestellte mit 550 Drachmen und der für „die dritte Arbeit" angestellte mit 500 Drachmen. Um keinen vorgefaßten Sinn in die Worte hineinzulegen, habe ich wörtlich übersetzt; was *proton ergon* usw. in Wirklichkeit bezeichnet, wissen wir nicht. Es ist aber deutlich, daß der Lehrer, der mit dem höchsten Betrag honoriert wird, auch die am meisten qualifizierte Arbeit hatte und die beiden anderen der Reihe nach eine weniger qualifizierte. Die zwei Turnlehrer werden je mit 500 Drachmen honoriert, und der Musiklehrer mit 700 Drachmen. Es wird vorgeschrieben, daß er die Knaben, die im folgenden Jahr aus der Knabenschule ausscheiden sollen, und diejenigen, die ein Jahr jünger als diese sind, in der Musik *(ta mousika)* und im Zitherspiel mit den Fingern und mit dem Plektron und auch die Epheben in der Musik unterrichten soll. Die Kinderschule war also der Ephebenschule nebengeordnet. Sie war auch der Mädchenschule beigeordnet, da die Lehrer in der Sprache auch die Mädchen zu unterrichten hatten. Daß man hieraus nicht auf eine gemeinsame Schule schließen darf, wurde oben bemerkt. Es ist bemerkenswert, daß der Musiklehrer am besten, mit 700 Drachmen, danach die Lehrer in der Sprache mit 600 bzw. 550 und 500 Drachmen und die beiden Turnlehrer nur mit 500 Drachmen honoriert werden. Dasselbe Verhältnise kehrt in Milet wieder, wo jedoch der Musiklehrer fehlt. Die Turnlehrer erhalten je 30 Drachmen, die Lehrer in der Sprache je 40 Drachmen monatlich; das macht 360 bzw. 480 Drachmen jährlich, in Schaltjahren 390 bzw. 520 Drachmen. Es sind keine großen Gehälter, die Ziffern sagen aber wenig, wenn wir nicht die Kaufkraft des Geldes kennen. Ungefähr gleichzeitig wurde ein qualifizierter Bauarbeiter mit dem gleichen Betrag entlohnt. Dieser Vergleich ist freilich unsicher, da der Wert des Geldes an verschiedenen Orten verschieden war und von Zeit zu Zeit wechseln konnte. Im allgemeinen wurde aber geistige Arbeit bei den Griechen schlecht bezahlt, wenn sie nicht gerade auf der höchsten Stufe stand, und dies gilt für die Schullehrer wahrlich nicht.

Es kam vor, daß auf andere Weise den Lehrern Vorteile gegeben wurden. Oben wurde erwähnt, daß sie in Lampsakos steuerfrei waren, und in Ägypten befreite Ptolemaios Philadelphos sie von der Salzsteuer. Sie konnten auch mitunter auf Geschenke rechnen und, wenn es gutging, auf Preise bei den Vorführungen.

Martin P. Nilsson:
„Die hellenistische Schule"

Die römische Oberschicht durchläuft eine Erziehung, die stark von griechischen Vorstellungen geprägt ist. Sie erhält Unterricht in Musik, Sprachen, Literatur und im öffentlichen Reden. Die Bildung darf jedoch bei den Römern nie zum Selbstzweck werden, sondern ist immer dem höheren Ziel, dem Staat zu dienen, untergeordnet.

Indem die Römer während der beiden letzten Jahrhunderte der Republik die griechische Erziehung, eine originäre Schöpfung des hellenischen Geistes, übernahmen und für ihre Bedürfnisse modifizierten, lösten sie dieselbe von ihren Schöpfern, objektivierten sie gleichsam und machten sie damit überhaupt erst vermittelbar. Sie haben sie in der Folge auch, wie die Geschichte ausweist, an die Nationen weitergegeben, die sich nach Ende der Antike auf dem ehemaligen römischen Reichsboden im Westen entwickelten. Die Grundlagen dafür wurden in

Britannien, Germanien, Gallien, Spanien und Nordafrika in erster Linie während der Kaiserzeit gelegt. Die Kaiserzeit ist daher für das Verständnis der europäischen Schulentwicklung eine entscheidende Epoche, vor allem was die äußeren historischen Bedingungen angeht.

In der Kaiserzeit beobachten wir die ersten Anfänge einer römischen Schulpolitik und in ihrem Gefolge das Entstehen einer das ganze Imperium durchdringenden Schulorganisation, ein Vorgang, der insbesondere den Westen des Imperiums nachhaltig prägte. Als Rom hier am Ende der Antike als politische Größe unterging, war es seine Schule, die überdauerte und mit der humanitas die wohl wertvollste Schöpfung des römischen Genius an die neuen Staaten Europas weitergab.

An den politischen Entscheidungen sowie an zahlreichen organisatorischen Maßnahmen, die während der Kaiserzeit im Bereich des Schulwesens zu verzeichnen sind, waren die Kaiser als personale Spitze des römischen Imperiums direkt und maßgeblich beteiligt. Zu nennen sind hier: der Bau von Bibliotheken (Augustus, Domitian, Trajan) und Hochschulen (Hadrian), die Errichtung von Lehrstühlen mit fester staatlicher Besoldung in Rom sowie in anderen Städten des Reichs (Vespasian, Marc Aurel) sowie die materielle Unterstützung bedürftiger Schüler (Trajan).

Vor diesem Hintergrund ist das persönliche Verhältnis der Kaiser zur Bildung von Interesse, speziell auch die Frage, wie es um ihre Schulerziehung im allgemeinen sowie um ihre intellektuellen und sonstigen Bildungsinteressen im besonderen bestellt war. – Wenn wir unter diesem Gesichtspunkt die Reihe der Kaiser von Augustus († 14 n. Chr.) bis Theodosius d. Gr. († 395 n. Chr.) durchgehen, so liegen einschlägige sowie einigermaßen aussagekräftige und dazu noch verläßliche Nachrichten zunächst über die Kaiser von Augustus bis zu Septimius Severus († 211 n. Chr.) einschließlich vor. Vergleichbar ist die Situation für das 4. Jahrhundert ausgesprochen dürftig, teilweise auch unsicher sind dagegen die Informationen, die uns über den Bildungsstand der sog. Soldatenkaiser des 3. Jahrhunderts vorliegen.

Der zuletzt angedeutete Sachverhalt spiegelt die für die unterschiedenen Zeitabschnitte divergierende Quellenlage wider. Sie ist zweifellos am besten für die Kaiser von Augustus bis Domitian, über deren Schulerziehung und intellektuellen Neigungen uns namentlich Sueton eine Fülle von aufschlußreichen Nachrichten bietet. Wertvolle zusätzliche Informationen über die genannten Herrscher verdanken wir dann noch dem Historiker Tacitus. Beide Autoren beschränken sich dabei nicht auf die Vermittlung von Einzelnachrichten über Erziehung und Bildung der Herrscher, sondern beziehen darüber hinaus an vielen Stellen auch kritisch Stellung zu den berichteten Fakten. – Es erscheint daher zweckmäßig, die Bildung der Kaiser des 1. Jahrhunderts bis Domitian einschließlich in den Mittelpunkt der Erörterung zu stellen.

Aus den Quellen, namentlich aus Sueton, ergibt sich zunächst, daß wir davon ausgehen dürfen, daß alle

Kaiser von Augustus bis Domitian eine gründliche Erziehung auf allen drei Stufen des antiken Schulsystems erhalten hatten. Sie repräsentieren insofern den Bildungsstand, wie er für die Angehörigen der Oberschicht, der die in Frage stehenden Herrscher ja ausnahmslos entstammten, als typisch gelten kann. Das Bild differenziert sich jedoch, wenn unsere Gewährsmänner, Sueton und Tacitus, auf die praktischen Erfolge und Resultate zu sprechen kommen, die die Erziehung bei den verschiedenen Herrschern zeitigte. Als solche werden gewürdigt: Sprachbeherrschung, Stil, Redetalent, Befähigung zu eigener literarischer Produktion. Auf den ersten Blick ist für uns in diesem Zusammenhang vor allem erstaunlich, wenn wir erfahren, daß die meisten Kaiser des 1. Jahrhunderts sowohl Prosaschriften als auch Dichtungen unterschiedlichsten Inhalts verfaßt haben, die ihnen, mag auch das meiste verloren sein, einen Platz auch in der Geschichte der antiken Literatur sichern.

Bereits der erste Princeps, Augustus, entfaltete eine reichhaltige schriftstellerische Aktivität. Außer seinem – noch erhaltenen – „Tatenbericht" gab es aus seiner Feder noch weitere Schriften historischen Inhalts: „Denkwürdigkeiten" (De vita sua) in 13 Büchern, ferner eine Biographie des Drusus († 9 v. Chr.). Daneben verfaßte Augustus auch Gedichte, so ein geographisches Gedicht mit dem Titel „Sicilia", sowie „Epigramme". Schließlich hören wir auch noch von einem Werk philosophischen Inhalts, den „Hortationes ad philosophiam". – Übertroffen wurde des Augustus

schriftstellerische Produktivität noch durch den Kaiser Claudius. Dieser schrieb in lateinischer Sprache eine „Autobiographie" (in 8 B.), eine „Zeitgeschichte" (27 v. Chr. bis 14 n. Chr.; in 41 B.) sowie „Studien zum Alphabet", in griechischer Sprache eine „Tyrrhenische Geschichte" (in 20 B.) und eine „Karthagische Geschichte" (in 8 B.). – Tiberius verfaßte ein lyrisches Gedicht auf den Tod des Lucius Caesar († 2 n. Chr.), des weiteren griechische Gedichte sowie eine knapp gehaltene „Autobiographie". – Nero widmete sich intensiv der Dichtung. Neben kleineren Gedichten schrieb er auch ein größeres episches Werk mit dem Titel „Troica". – Von Vespasian wird eine Schrift mit dem Titel „Denkwürdigkeiten" erwähnt. Seine Söhne Titus und Domitian verfaßten Gedichte, letzterer auch noch eine Prosaschrift „Über Haarpflege" (De cura capillorum).

In dieser Zusammenstellung sind bis auf Caligula und die nur kurze Zeit regierenden Herrscher des Jahres 69 alle Kaiser von Augustus bis Domitian mit literarischen Produktionen vertreten. Diese Beobachtung läßt, für sich genommen, bereits den Schluß auf eine hohe Effizienz des zugrunde liegenden Unterrichtssystems als solchem zu. (…)

Aus dem bisher Gesagten lassen sich bereits einige wesentliche Züge der Vorstellung, die Sueton von der Herrscherbildung hat, ableiten. Sueton setzt die Absolvierung der üblichen Schulerziehung – erwähnt werden von ihm bezeichnenderweise nur die Studien auf den höheren Stufen – als selbstverständlich voraus.

Was die intellektuellen Fertigkeiten angeht, wie sie die Schule vermittelt, legt Sueton das entscheidende Gewicht auf die Fähigkeit, in klarer Sprache öffentlich zu reden (eloquentia). Für zumindest wünschenswert hält er daneben noch die praktische Beherrschung der griechischen Sprache. (...)

Die Vorstellungen, die Tacitus von der Herrschererziehung hat, sind im Grunde die gleichen wie bei Sueton, nur daß bei ihm die soeben von uns angedeutete Problematik eindeutiger und klarer hervortritt. Wie Sueton lobt Tacitus am Kaiser gute Griechischkenntnisse – z. B. bei Vespasian (hist. 2,80) –, vor allem aber legt er beim Herrscher Wert auf vollendete Beherrschung der Redekunst. Besonders aufschlußreich ist in diesem Zusammenhang eine Passage im 13. Buch der „Annalen" (Kap. 3), wo Tacitus auf die von Seneca konzipierte Leichenrede auf Claudius zu sprechen kommt, die Nero im Senat vortrug. In diesem Zusammenhang hebt er zunächst hervor, daß Nero der erste Kaiser war, der sich fremder Hilfe für seine Reden bediente, und geht dann kurz auf die rednerischen Qualitäten von Neros Vorgängern von Julius Caesar an ein. „Der Diktator Caesar nahm es mit den größten Rednern auf; auch Augustus war ein schlagfertiger Redner, der fließend und so, wie man es von einem Kaiser verlangen muß, zu sprechen wußte. Tiberius dagegen verstand sich auf die Kunst, seine Worte zu wägen; er sprach gehaltvoll oder auch absichtlich dunkel. Selbst der geistesgestörte Caligula büßte seine wirkungsvolle Beredsamkeit nicht ein, und bei Claudius vermißte man, wenn er sich

vorbereitet hatte, nicht eine gewählte Ausdrucksweise" (ann. 13,3). Dem ersten Princeps spendet Tacitus also hinsichtlich seiner Beredsamkeit höchstes Lob. Erhellend für seine Position ist aber der subjektive Einschub „wie man es von einem Kaiser erwarten muß". Rednergabe ist in den Augen des Tacitus für einen römischen Kaiser also unabdingbar. In diesem Punkte ist er eindeutiger als Sueton. (...)

Hatten wir im Falle der Kritik Suetons an Tiberius einen Zusammenhang zwischen der mangelhaften Redefähigkeit des Kaisers und seiner individuellen Ausbildung lediglich vermutet, so wird ein solcher bei Tacitus direkt und unmißverständlich konstatiert. – Tacitus' Aussagen über Neros Erziehung sind schwerwiegend, weil sie, wie mir scheint, eine Grundproblematik, vielleicht sogar eine Aporie der Erziehung überhaupt, deutlich machen. Tacitus stellt nämlich zweierlei fest, einmal daß Neros Erziehung in einem wichtigen Punkt scheiterte, zum anderen daß sie, was ihre formalen, äußeren Voraussetzungen anlangt, durchaus erfolgversprechend war. Immerhin hatte Nero ja eine spezielle Prinzenerziehung unter der Führung eines hervorragenden Lehrers, Seneca, genossen. Allein, dieselbe hatte es nicht erreicht, daß seine ohne Zweifel vorhandenen intellektuellen Anlagen sich im Sinne des erwünschten Ziels, der eloquentia, vollendeten. Nero hatte sich statt dessen zur Dichtung, zum carmina pangere abdrängen lassen.

Im Falle des Tiberius war die Abweichung vom Ziel, wie Sueton es

Carolus Magnus kroch ins Bett,
weil er sehr gern geschlafen hätt'.
Jedoch vom Sachsenkrieg her
plagt ihn ein Rheumatismus sehr.
Die Nacht ist lang, das Bein tut weh,
Carolus übt das Abc.

Aus Wilhelm Busch:
„Eginhard und Emma"

für wünschenswert hielt, weniger gravierend; er hatte sich jedenfalls zum Redner gebildet, wenn auch zu einem dunklen und verschrobenen.

Beide Beispiele demonstrieren, wenn auch in unterschiedlicher Weise, wie selbst eine hervorragend organisierte Erziehung nicht garantieren kann, daß die vorgesehenen Ziele erreicht werden. Dieses von jeder zielgerichteten Erziehung intendierte Ergebnis wird durch zwei Faktoren gefährdet, einmal durch die individuellen Neigungen des Zöglings, zum anderen durch die Anziehungskraft bestimmter Gegenstände, mit denen er – unter anderem auch im Verlaufe seiner Erziehung – in Berührung kommen kann. Im konkreten Einzelfall, wie z. B. auch in den beiden hier exemplarisch diskutierten, wirken natürlich in der Regel beide Faktoren zusammen und machen in ihrem Zusammenwirken jede Erziehung, soweit sie unbedingt – und diese Unbedingtheit liegt im Wesen jeder Herrschererziehung – ganz bestimmte Ergebnisse erzielen will, fragwürdig.

Der hier skizzierte grundsätzliche Sachverhalt ist letztlich für das

Entstehen des Problems des gebildeten Kaisers verantwortlich, wie zuvor schon für das Problem, das der bildungsbeflissene Politiker gegen Ende der römischen Republik darstellte.

(...)

Doch wenden wir uns jetzt Cicero zu, der im Proöm von De finibus von Stimmen der Kritik berichtet, die gegen seine intensive Beschäftigung mit der griechischen Philosophie laut wurden. Interessant ist dabei, daß die uns aus dem „Agricola" bereits bekannten Vorwürfe auch bereits gegenüber Cicero erhoben wurden. So kritisierten die einen seinen übertriebenen Eifer für die Philosophie, während die anderen darauf verwiesen, daß philosophische Schriftstellerei nicht mit seiner dignitas vereinbar sei. – Cicero geht näher nur auf den Vorwurf des übertriebenen Interesses ein und stellt fest, daß der Beschäftigung mit der Philosophie eine Eigendynamik innewohne, die einer Begrenzung des Eifers für sie entgegenstehe: „Wer nun zwar Freude an der Philosophie hat, aber trotzdem verlangt, daß man sie nur mit besonderer Mäßigung betreiben soll, der fordert eine schwer durchzuführende Einschränkung bei einer Beschäftigung, die man nicht mehr einengen und hemmen kann, wenn man ihr einmal Raum gegeben hat. Ich möchte deshalb beinahe das Urteil der Männer für richtiger halten, die überhaupt von der Philosophie abraten, als die Meinung derjenigen, die da Schranken errichten wollen, wo es überhaupt keine Grenzen gibt, und die Einschränkung bei einer Betätigung verlangen, die um so wertvoller wird, je ausgedehnter sie ist." (...)

Hinter all diesen Verdikten steht die Befürchtung, die Beschäftigung mit der Literatur und Philosophie gehe zu Lasten des tätigen Engagements für den Staat. Sie mußte namentlich bei einem künftigen Senator wie Agricola oder einem verdienten Staatsmann wie Cicero fragwürdig erscheinen. Wenn darüber hinaus im „Agricola" auch noch angedeutet wird, derartiges schicke sich überhaupt nicht für einen Römer, so ist damit die letzte Wurzel dieser ganzen Streitfrage berührt. Die Beschäftigung mit Philosophie, Literatur, vor allem aber mit den musischen Disziplinen galt für typisch griechisch und damit zugleich als unrömisch.

Diese Thematik ist ein Gegenstand für sich. Sie kam auf, als Rom im 2. Jahrhundert v. Chr. mit der griechischen Bildung in ihrer entwickelten hellenistischen Form in nähere Berührung kam und mit einem Unterrichtssystem konfrontiert wurde, das einerseits in der Praxis der altrömischen Erziehung weit überlegen, andererseits in der Theorie aber auf ein ganz anderes Erziehungsziel hin ausgerichtet war als diese. Die hellenistische Erziehung war bemüht, die Einzelpersönlichkeit mit allen ihren Möglichkeiten zur vollen Entfaltung zu bringen, ihr Ziel war das autonome Individuum, die altrömische Erziehung dagegen war bestrebt, den einzelnen zur vollkommenen Einordnung in die Gemeinschaft und zur Hingabe an den Staat zu befähigen. Rom hat schließlich das griechisch-hellenistische Unterrichtssystem übernommen, ohne allerdings damit zugleich auch dessen theoretisches Erziehungsziel für sich als verbindlich anzuerkennen. Vielmehr hat Rom an seinem eigenen ursprünglichen Erziehungsziel festgehalten und bei der griechisch-hellenistischen Erziehung in erster Linie nach dem unmittelbaren Nutzen gefragt, den deren verschiedene Bildungsfächer für die Bewältigung praktischer Aufgaben des Lebens und der Politik zu leisten vermochten.

Alfons Rösger:
„Der gebildete Kaiser"

Im europäischen Mittelalter nimmt die Schreibschule eine völlig andere Funktion ein als in der Antike. Mit dem Schreiben verbindet sich nicht mehr per se eine Machtposition; der Schreiber ist nicht selten zum Reproduzenten geworden, dem keinerlei eigenständige Leistung abgefordert wird.

Am Beispiel von Otto von Bamberg wird gezeigt, welch einen beruflichen Aufstieg ein Lehrer dennoch aufgrund seines Wissens im frühen Mittelalter machen kann.

Drei Jahre vor der Wahl Odos zum Bischof von Cambrai hatte Kaiser Heinrich IV. einem seiner Getreuen, dem Kanzler Otto, das Bistum Bamberg anvertraut (1102) (Vita Ottonis). Auch dessen Aufstieg hat mit dem Lehramt begonnen. Aus einer adligen Familie Schwabens, die nur mäßig begütert war, stammend, hatte er zwar sich die Grundlagen der damaligen Schulbildung aneignen können, nach deren frühem Tod aber sich ein weitergreifendes Studium, wozu der Besuch verschiedener Schulen in der Ferne gehörte, versagen müssen. Das Erbe war an seinen Bruder, der dem Leben als Ritter bestimmt war, gefallen. Otto beschloß nun, ins Ausland zu gehen, merkwürdig genug, nach Osten, nach Polen. Er hatte erfahren, daß es hier an Bildungsträgern gebrach. Wirklich gelang es ihm rasch, hier eine Schule aufzumachen, damit Erfolg zu erzielen und reichlich seinen Lebensunterhalt zu decken. Er eignete sich auch die Landessprache an, wußte sich in einflußreichen Kreisen bekannt zu machen und durch sie auch mit Herzog Wladislaus bekannt zu werden, der ihn an seinen Hof zog. Als Wladislaus Witwer wurde, entstand der Plan einer neuen Heirat mit einer deutschen Prinzessin, einer ebenfalls verwitweten Schwester Heinrichs IV. Bei den Erwägungen darüber und den sich anbahnenden Verhandlungen bot sich der deutsche Otto ganz natürlich als Mittelsmann an. Die Hochzeit kam zustande, Otto wurde am Hof Vertrauensmann und Kaplan der Herzogin. Sie benutzte ihn zur Überbringung von Nachrichten an ihren Bruder. Dieser nun erkannte dabei mehr und mehr die vielfache Verwendbarkeit Ottos und wußte ihn endlich abzuwerben. Als Mitglied der Hofkapelle, des Kreises der Vertrauten des Herrschers und seiner Mitarbeiter in den Regierungsgeschäften, machte Otto sich vielseitig verdient, insbesondere als ihm die Leitung des Dombaus in Speyer anvertraut wurde. Der Lohn blieb nicht aus: Der Kaiser übertrug ihm das Bistum Bamberg. Als dessen Oberhirte wurde er eine der wirkungsmächtigsten Erscheinungen des Reichsepiskopats im 12. Jahrhundert. Seine markanteste Tat: die auf Einladung des polnischen Herzogs begonnene, dann vom Reich aufgenommene Mission im heidnischen Pommern, zu der ihn seine gute Kenntnis der Verhältnisse Polens qualifizierte. Ottos Leben verlief nicht unähnlich dem von Benno von Osnabrück; nur der Weg über eine Domscholaster-Stelle blieb ihm wegen seiner früh einsetzenden Beziehungen zum polnischen und kaiserlichen Hof erspart.

Als Bamberg in Otto einen ehemaligen Privatlehrer als geistliches Oberhaupt erhielt, war ihm dieser Beruf nicht mehr unbekannt. Ende der 50er Jahre des 11. Jahrhunderts hatte Bischof Gunther den hier zu hohem Ansehen aufsteigenden Meinhard als Domscholaster berufen. Die Laufbahn dieses Mannes bis zu diesem Zeitpunkt blieb weitgehend im Dunkel, obwohl man, seine Bedeutung damit dokumentierend, eine große Zahl von Briefen von ihm gesammelt hat. Aus ihnen geht hervor, daß er wenigstens zeitweise, nämlich zwei Jahre, in der seit den Tagen des hochgelehrten Gerbert angesehenen Domschule zu Reims studiert hat. Voll Verehrung gedenkt er seines Lehrers Hermann. Auch zum aufstrebenden Speyer hat er enge Beziehungen. Hat er dort etwa wie Benno gelehrt und damit Vermögen erworben? Bekannt war er mit ihm, wie seine Korrespondenz ausweist, wohl am ehesten aus gemeinsamen Speyerer Tagen. Von seinem Vermögen (fortunae) spricht er selbst und läßt erkennen, daß dazu Besitz von Weingut und Häusern gehört; Weinverkauf soll ihm Erwerb eines Grundstücks ermöglichen.

Als Lehrer in Bamberg stellt er die Auseinandersetzung mit antiken Autoren und mit der patristischen Literatur in den Vordergrund, strebt eine Symbiose zwischen beiden an und geht damit einen anderen pädagogischen Weg als Odo von Tournai. Er äußert Zurückhaltung gegenüber der zu seiner Zeit aktuell werdenden Dialektik, obwohl er zunächst selbst einen Traktat über sie geschrieben hat. Seine Briefe leuchten in seinen Schulbetrieb hinein. Ein lebhaftes Kommen und Gehen von Schülern aus nah und fern, eine offenbar nur für heimischen geistlichen Nachwuchs beschränkte Freizügigkeit, ein allem Anschein nach durchaus nicht einseitig auf den geistlichen Beruf fixierter Unterricht, geprägt von erzieherischen Ratschlägen für die Lebensgestaltung, charakterisieren Meinhards Tätigkeit und Leistung.

Wie Benno erringt diese starke Persönlichkeit eine tragende Rolle in der Mitwirkung bei kirchlichen und weltlichen Verwaltungsaufgaben. Einschlägige Korrespondenz wird von ihm stilisiert, an politischen Missionen ist er beteiligt, das alles in den Jahren der heraufziehenden schweren Auseinandersetzung zwischen Kaiser und Papst. Auf deren Höhepunkt überträgt ihm kaiserliches Vertrauen Heinrichs IV. das Bistum Würzburg (1085), das er gegen den rechtmäßigen päpstlich gesinnten Bischof Adalbero zu behaupten hat. 1088 ist er gestorben.

Otto Meyer:
„Der Privatlehrer des frühen Mittelalters"

Alfred Fickel zeigt am Beispiel von Mühldorf am Inn die Entwicklung des Lehrerberufs von den Anfängen bis zur Reformation hinsichtlich der Ausbildung, der täglichen Aufgaben und der sonstigen Lebensumstände.

Das Amt eines Schulmeisters war im 13. und auch noch im 14. Jahrhundert oft Anfang einer beruflichen Karriere. Bei unserem Läutwein war dies auch der Fall. 1305 ist er Kaplan des Erzbischofs von Salzburg; 1318 sein Kämmerer, und 1341 ist er Pfarrer zu Mettenheim, heute noch ein Dorf unweit von Mühldorf. Auch als Pfarrer dürfte sich Läutwein um die schulische Bildung seiner Pfarrkinder gekümmert haben.

Außer Läutwein, 1294, ist bis zum Jahre 1510 kein weiterer Schulmeister in den einschlägigen Quellen für Mühldorf namentlich zu belegen, was aber nicht bedeutet, daß es keine Schule gegeben hat. Zu dieser Feststellung berechtigt uns eine Stiftungsurkunde aus dem Jahre 1359. In ihr erhält „der Pfarrer oder sein Vikar 32 Pfennig, die Gesellen und der Schulmeister je 6 Pfennig, der Mesner und sein Knecht je 4 Pfennig". Später erhält der Schulmeister 8 Pfennig, manchmal auch mehr. Insgesamt sind von 1359 bis 1514 fünfzehn Verstiftungsurkunden erhalten, in denen der Schulmeister für kirchliche Leistungen mit einem Geldbetrag bedacht wird. Wenn bereits 1359 der Schulmeister fest in eine Stiftung mit einbezogen war, so muß das Amt des Schulmeisters schon vorher Institution geworden sein, denn ein Bürger bedachte nur jene Institutionen mit Geld, von denen er überzeugt war,

B { a e i o u } ſt	D { a e i o u } mpff	F { a e i o u } rtz	H { a e i o u } rtz
B { a e i o u } lt	D { a e i o u } rtz	F { a e i o u } lſch	H { a e i o u } mel
B { a e i o u } rt	D { a e i o u } ſt	F { a e i o u } rch	H { a e i o u } ls
B { a e i o u } tz	D { a e i o u } ntz	F { a e i o u } rt	H { a e i o u } rpff

Das Lesen wird im 16. Jh. nach der Lautiermethode eingeübt.

daß sie die Jahrhunderte überdauern
würden. Tatsächlich haben sich auch
fast alle diese Stiftungen bis zur Säku-
larisierung gehalten. Das Stiftungsver-
mögen selbst wurde übrigens schon
seit 1242 von einem, später von zwei
Mühldorfer Bürgern in der Funktion
eines weltlichen Kirchpropstes verwal-
tet. Analphabeten hat man für solche
Aufgaben sicher nicht genommen.

Um 1400 muß sich die Mühldorfer Schule schon in eine lateinische

und in eine nichtlateinische Schule
geteilt haben (…). Auf jeden Fall
haben sich die schulischen Verhältnisse in Mühldorf in den folgenden Jahr-
zehnten konsolidiert, denn 1480 hat
die Stadt ein eigenes Schulhaus gebaut.
Es muß ein stattlicher Bau gewesen
sein, denn die Kosten beliefen sich
auf „70 Pfund Pfennig minus 8", und
dieses Schulhaus hatte mindestens
zwei Räume, eine obere und eine
untere Stube und war mit „pankhen"
ausgestattet. Seit dem Bau des neuen
Schulhauses spricht die Stadt von

„unserm Schuelmeister". Personell war also eine Trennung zwischen städtischem und kirchlichem Schulmeister eingetreten. Durch diese Trennung standen nun die kirchlichen Einkünfte aus den Meßstiftungen etc. jetzt natürlich ausschließlich dem kirchlichen, dem lateinischen Schulmeister zu. Wie aber hat sich der städtische, der deutsche Schulmeister „unterhalten"? Sicher wurde für den städtischen Unterricht Schulgeld verlangt, was ab 1552 zu belegen ist. Das Schulgeld allein aber reichte sicher nicht aus, und daher mußten für den städtischen Schulmeister neue Nebenerwerbsquellen zur Verfügung gestellt werden. Nebenerwerb war zur damaligen Zeit und bis herauf ins 19. Jahrhundert absolut normal. Da die städtischen oder deutschen Schulmeister Mühldorfs zumindest am Anfang ohnehin aus der Verwaltung kamen, war es naheliegend, den Schulmeister nebenbei mit städtischen Angelegenheiten zu betrauen. Diese Schulmeister müssen hochgebildete Männer gewesen sein, wie wäre es sonst erklärlich, daß die Stadt Mühldorf in einem Rechtsstreit mit Kaiser und Kurie, Mühldorf war mit dem neuernannten Erzbischof nicht einverstanden, ihren Schulmeister zur Regelung der Angelegenheiten nach Graz und nach Rom geschickt hat. 1483 steht in den Stadtkammerrechnungen: „Unsrm Schuelmeister haben wir geben 5 rheinische Gulden als wir ihm viel genutzt haben nach Graz zu dem Legaten und daß er uns viel ystrament (Schriftsätze) geschrieben hat." Im folgenden Jahr, 1484, erhält der Schulmeister „für einen Ritt nach Rom … 14 rheinische Gulden, wovon er einen dem Procurator geben mußte".

60 Jahre später spricht die Stadt immer noch von „unserm Schuelmeister", denn 1548 lesen wir: „Beim lateinischen Schuelmeister und bei unserm werden die Rauchfänge gekehrt", vier Jahre früher, 1544 heißt es im Stadtgerichtsbuch aber auch schon: „Hannsn Lanndauer Teutzn Schuelmeister hie als anwesen." Die Kirche jedoch spricht schon 1510 von einem deutschen Schulmeister. Im Gültbuch der Pfarrei St. Nikolaus steht: „Haus in der St. Petergasse 2 Pfund Pfennig.

Kanzleischrift von 1776.

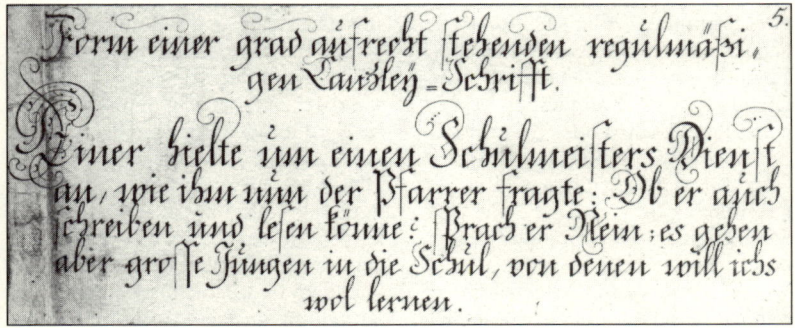

Jetzt Wolf Muthauser, deutscher Schuelmaister, hat 1 Pfund um 20 Pfund abgelöst."

Unwillkürlich stellt sich die Frage, wer hat Schule gehalten, wenn der Schulmeister wochen- oder, wie im Falle Rom, sogar monatelang unterwegs war? So wie der Pfarrer von Mühldorf seit 1359 einen Vikar und drei Gesellen hatte, die ihn vertraten, wenn er z. B. auf Reisen oder zu Studien auf einer „Hohen Schule" war, so hatte auch der Schulmeister Gesellen, die für ihn Schule hielten, wenn er selbst mit städtischen Angelegenheiten betraut war.

Reichten Schulgeld und Nebenerwerb nicht aus, so wurden Schulmeister und Gesellen aus dem Stadtsäckel unterstützt. 1524 werden „dem Schuelmeister und seinen Gesellen damit sie sich besser unterhalten mögen 1 Pfund 6 Schillinge" aus der Stadtkasse gegeben. Das waren 520 Pfennige und soviel wie 65 Stiftungsmessen à 8 Pfennige. Auch lateinische Schulmeister wurden bei Krankheit oder aus anderen Gründen gelegentlich von der Stadt unterstützt.

Die deutsche Schule zu Mühldorf hatte auf jeden Fall drei Lehrer, einen Meister und zwei Gesellen, und zwei Schulräume. Die lateinische Schule hatte mindestens zwei Lehrer. Zusätzlich hatte die deutsche wie die lateinische Schule mindestens noch einen Practentarius oder Adstanten. Bei einer angenommenen 6jährigen Schulzeit, wahrscheinlich war sie wesentlich kürzer, dürften beide Schulen zusammen etwa 100 Kinder unterrichtet haben.

In Summa kann festgehalten werden, daß die Mühldorfer Schulleh-rer von den Anfängen bis etwa zur Reformation Männer mit Bildung und Verwaltungserfahrung waren. Ein Teil dieser Schullehrer hatte sicher eine Universität besucht, und daher ist es nicht verwunderlich, daß die Zahl der Mühldorfer Studenten von 1377 bis 1520 an den neu gegründeten Universitäten, Wien 1365, Leipzig 1409 und Ingolstadt 1472, fast kontinuierlich zunahm. (…)

Ab 1450 lassen sich fast jedes Jahr zwei oder drei Studenten belegen, in manchen Jahren sogar fünf, sechs, sieben und acht. Wenn man davon ausgeht, daß etwa 15 Kinder, Knaben und Mädchen, jährlich die Schule verlassen haben, so müssen etwa jährlich 20 %, in manchen Jahren aber mindestens 40 – 50 % auf eine Universität gegangen sein. Etwa mit der Reformation hört der Besuch der Universitäten durch Mühldorfer Studenten fast schlagartig auf. Ein bis zwei Studenten war dann das Maximum pro Jahr, und über viele Jahre hinweg ist nicht ein einziger Student nachweisbar, und das herauf bis ins 19. Jahrhundert, obwohl Ingolstadt nicht weit und die Salzburger Universität, 1623 gegründet, sozusagen vor der Haustüre lag.

Die Zeit von der Reformation bis etwa zum Ende des 30jährigen Krieges wird nun von einem Lehrerstand geprägt, der sein Handwerk vorwiegend in der Stadtschreiberei, in der Schule und im Kirchendienst erlernt hat. Derjenige, der auch noch in diesem Zeitraum eine Universität besucht und eventuell den Magistergrad erworben hatte, fand als Lehrer vor allem in der Lateinschule seine Anstellung und sein Auskommen. In diesen gut hundert Jahren war der Schulmeister noch angesehen und der Beruf erstrebenswert. Man konnte Bürger und Hausbesitzer werden, wie 1510 schon Wolf Muthauser. Man konnte es zu einem bescheidenen Vermögen bringen, dreißig oder fünfzig Gulden, bei manchen war es auch mehr. So versteuerte z. B. der deutsche Schulmeister Erhard Paur 1608 286 Gulden, wobei er 86 Gulden allein in sieben Jahren auf die hohe Kante legen konnte. Für etwa 100 Gulden konnte man in Mühldorf zur damaligen Zeit ein Haus erwerben. (...)

Auch in einer herzoglichen, bischöflichen oder klösterlichen Verwaltung, in der Hofmarkskanzlei und in der Marktschreiberei konnte man eine solide Ausbildung erhalten. Juristisch präzise und stilistisch einwandfrei, schön und richtig mußte der Sachverhalt zu Papier gebracht werden, ferner waren Kalkulations- und Etatfragen zu bewältigen. Vielseitigkeit war gefragt und Geschick im Umgang mit Menschen und Problemen. Nebenbei erwarb sich der Schreiber die nötigen schulischen Kenntnisse als Practentarius oder Adstant an der deutschen Schule. War er „fleißig und geschickt", wurde er bald als Aushilfslehrer herangezogen, versah aber auch weiterhin seinen Dienst in der Stadtschreiberei, oft schon als Procurator oder Gehilfe eines Procurators. War durch Abwanderung oder Tod eine ständige Schulmeisterstelle frei geworden, konnte der Schreiber um Aufnahme als Schulmeister bitten. Umgekehrt bewarben sich deutsche Schulmeister mit einer Schreiberausbildung und Kanzleierfahrung im ausgehenden 16. und

frühen 17. Jahrhundert immer öfter auch um das nebenberufliche Amt eines Procurators. (...) Im Gegensatz zum hauptberuflichen Stadtprokurat waren sie die Prozeß-Stellvertreter der einfachen Bürger und leisteten u. a. durch kanzleimäßige Schriftsätze und bei mündlichen Verhandlungen Rechtsbeistand.

Bei der Aufnahme als Schulmeister war eine Empfehlung oft von Vorteil, wobei Kanzleiempfehlungen vor Schulmeisterempfehlungen rangierten. (...) Oft aber erschien jungen Männern der Weg zum Schulmeister über eine Schreiberkanzlei viel zu mühsam, und daher wählten sie den vermeintlich bequemeren Weg und gingen sofort bei einem deutschen Schulmeister in die Lehre. Aber spätestens wenn sie in einer Stadt eine Lehrstelle angetreten hatten und im Ratsprotokoll ausdrücklich vermerkt worden war: „will sich allein mit der deutschen Schuel unterhalten", haben diese jungen Männer gemerkt, daß es an der Zeit war, eine solide Schreiberausbildung nachzuholen. Das Schulgeld der Kinder allein war trotz mancher Vergünstigung für den Lebensunterhalt zu wenig.

So sind diese Schullehrer von Stadt zu Stadt gezogen, um ihre Kenntnisse zu vervollkommnen. Mit anderen Berufsgruppen haben sie auch der Stadt Mühldorf „ihre Aufwartung gemacht" und die üblichen „2 Schilling Hilfsgeld" erhalten. Manchen Schulmeistern gefiel dieses Wanderleben so gut, daß sie ihr ganzes Leben lang herumzogen. Andere wiederum wollten in einer Stadt bleiben und bewarben sich um eine gerade freigewordene Stelle. Nach

Vorlage des Geburtsscheines, der Bestätigung ehelicher Geburt und frei von Leibeigenschaft zu sein, sowie eines zusätzlichen Nachweises der Rechtgläubigkeit, wurden sie gewöhnlich gegen Zahlung von 4 Pfund Pfennigen, wenn man mit ihnen zufrieden war, als Bürger aufgenommen. In der Regel blieben sie einige Jahre in der Stadt, manche blieben länger, 14, ja sogar 18 Jahre. Bei je drei Lehrern für die deutsche und lateinische Schule war somit eine gewisse Kontinuität gewährleistet. (...)

Wer glaubt, die lateinische Schule sei ausschließlich Angelegenheit der Kirche gewesen, irrt. Ein gewichtiges Wort hatten die Ratsherren immer in die Waagschale geworfen, wenn man mit dem lateinischen Schulmeister nicht zufrieden war. Die Ratsherren des 16. und 17. Jahrhunderts waren noch keine satten Spießer, sie waren gebildet, weltoffen und belesen, und in ihren Truhen und Schränken befanden sich die großen und kleinen reformatorischen Schriften, und zwar in einer Zahl, die jedem evangelischen Pfarrhaus zur Ehre gereicht hätte. Eine Universität besucht zu haben oder gar Magister zu sein, das allein reichte nicht, um bei einem Ratsherrn Eindruck zu erwecken. Fleiß und Können waren gefragt. So wird dem Magister Peter Walther 1578 erklärt: „man sei mit ihm unzufrieden, die Schule geht sichtbar zurück, er kümmert sich wenig um sie, sondern überlasse den Unterricht dem Kantor etc. Wenn das nicht besser werde, so müsse man sich um jemanden andern umsehen." 1567 wird dem Mathias Edlinger gekündigt, und ein neuer lateinischer

Titelseite des Orbis pictus, des ältesten Schreib-Lehrbuchs, von Johann Amos Commenius.

Schulmeister „wird aufgestellt". Über die Kündigung und Neuaufnahme beschwert sich der Herr Pfarrer bei der Stadt. Die Ratsherren teilen ihm mit, „daß man sich zur Aufnahme eines Schulmeisters von einem Kirchherrn einen Rat einholen soll, dessen kann man sich nicht erinnern". (...)

Auch ein guter Musiker hatte selbst ohne Studium die Möglichkeit, Schullehrer zu werden. Als Chorbuben begannen sie ihre Laufbahn, wurden mit etwa 17 Jahren Choralist, Mühldorf hatte in unserem Zeitraum jeweils vier, und erwarben sich nebenbei in der deutschen Schule als adstanti oder practendarii die notwendigen deutschen schulmeisterlichen Kenntnisse. Nach einigen Jahren konnten sie zum Organisten aufsteigen und waren damit gleichzeitig dritter bzw. Aushilfsschulmeister an der deutschen Schule. Interessierten sich diese Organisten auch noch für den Unterricht an der lateinischen Schule, so sammelten sie auch dort noch Erfahrung, und dann stand einem Aufstieg zum Kantor und damit zum zweiten lateinischen Schulmeister nichts mehr im Wege. Organisten wie Kantoren sind, wenn der kirchliche Dienst ihnen entsprach, oft sehr lange in einer Stadt geblieben. (…) Organisten wie Kantoren war bis etwa 1650 ein Aufstieg zum ersten lateinischen Schulmeister und regens chori nicht möglich, das blieb in der Regel ehemaligen Universitätsstudenten vorbehalten. Doch war auch den Organisten und Kantoren der Weg für einen weiteren beruflichen Aufstieg nicht verbaut. Sie hatten die Möglichkeit, in der deutschen Schule als erster bzw. zweiter Schulmeister aufgenommen zu werden. In größeren Städten standen entsprechend mehr Schulhalterstellen zur Verfügung. Von der Möglichkeit, in einer Stadt deutscher Schulmeister zu werden, haben Organisten wie Kantoren wenig Gebrauch gemacht, ihre musikalischen Fähigkeiten waren in dieser Funktion nicht besonders gefragt und entsprechend geschätzt. Daher zogen die Organisten lieber auf das Land, wo sie bei den Pfarrherren als Dorfschulmeister und Kirchenmusiker wegen ihrer Ausbildung gesucht und geachtet waren. Die Kantoren hingegen bemühten sich mehr in größeren Orten und Märkten um eine Anstellung, denn dort wurde der Unterricht sowohl für die deutschen wie auch für die lateinischen Schüler oft von einem einzigen Lehrer erteilt. Zusätzlich fanden sie dort oft auch noch als Organisten und regens chori im Kirchendienst Verwendung. Viele dieser ehemaligen Kantoren erwarben sich beim Marktschreiber zusätzliche Schreib- und Verwaltungskenntnisse und hatten dann in dieser dreifachen Funktion als deutscher und lateinischer Schulmeister, als Kirchenmusiker und als Schreiber ein gutes, oft sogar sehr gutes Einkommen.

Alfred Fickel:
„Die Entwicklung des städtischen Lehrerstandes von den Anfängen bis zum Beginn des 19. Jahrhunderts, illustriert an den Schulverhältnissen in Mühldorf am Inn"

Die Entstehung von Ziffer und Zahl

Ziffer und Zahl, d. h. Hilfsmittel, die dem Menschen beim Zählen und Rechnen zur Verfügung stehen, gibt es schon lange, bevor die Schrift entsteht. Die Geschichte der Zahl ist ein eigener Bereich in der Geschichte der Schrift, doch beide hängen eng miteinander zusammen. Eine Reihe von Völkern kennt statt Ziffern nur Schriftzeichen; und die gesamte Geschichte der mathematischen und naturwissenschaftlichen Erkenntnisse hängt über Jahrtausende eng mit den Geisteswissenschaften zusammen.

Römischer Handabakus.

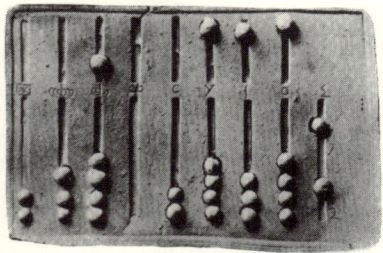

Schon in der Steinzeit, noch bevor der Mensch wirklich zählen lernt, erfindet er Gedächtnisstützen für Mengen, deren Funktion den Zahlen gleichkommt.

Wie rechnet man nun, wenn man noch nicht abstrakt zählen kann? Ist jemand, der weder zählen noch Zahlen begrifflich erfassen kann, irgendwie weiter, wenn er z. B. eine Anzahl von Strichen oder von Kerben in Knochen anstelle einer Gruppe von Lebewesen oder Gegenständen vor sich hat? Natürlich sind diese Verfahren nicht so effektiv wie unsere, aber man kann damit feststellen, ob genausoviel Stück Vieh zurückgekommen wie ausgezogen sind. Dafür muß man durchaus nicht intellektuell in der Lage sein zu zählen. Stellen wir uns einen Hirten vor, der nicht „zählen" kann und der eine Hammelherde zu hüten hat, die er allabendlich in einer Höhle einschließt. Es handelt sich um 55 Hammel, aber unser Hirte ist nicht in der Lage zu begreifen, was die Zahl 55 bedeutet. Er weiß lediglich, daß er „viele" Hammel hat. Da ihm diese Aussage zu ungenau ist, möchte er doch gerne wissen, ob seine Hammel jeden Abend auch vollzählig zurückgekehrt sind. So hat er eines Tages eine Idee … Er setzt sich in den Eingang seiner Höhle und läßt seine Hammel einen nach dem anderen hinein. Jedesmal, wenn ein Hammel an ihm vorbeikommt, macht er eine Kerbe in einen Wolfsknochen. Auf diese Weise hat er mit dem Durchgang des letzten Tieres genau fünfundfünfzig Kerben geschnitzt. Nun legt er jeden Abend, wenn seine Hammel wie immer einer hinter dem anderen zurückkommen, jedesmal den Finger in eine Kerbe, von einem Ende des Knochens bis zum anderen. Und wenn sein Finger dann bei der letzten Kerbe angekommen ist, ist unser Hirte beruhigt, denn nun sind alle seine Hammel in Sicherheit.

Bestätigt wird unsere Vermutung durch einen archäologischen Fund, der 1928/29 durch eine amerikanische Expedition für Orientforschung in Mesopotamien gemacht und durch Oppenheim (1959) ausgewertet wurde. In den Ruinen des Palastes von Nuzi, einer Stadt in der Gegend von Kirkuk, südwestlich von Mosul (Irak), die ungefähr aus dem 15. vorchristlichen Jahrhundert stammen, wurde eine hohle, eiförmige Tonbörse ausgegraben, die auf ihrer Außenfläche eine Keilschrift trug, welche wir hier übersetzen:

Gegenstände, Hammel und Ziegen betreffend
21 Mutterschafe
6 weibliche Lämmer
8 erwachsene Hammel
4 männliche Lämmer
6 Mutterziegen
1 Bock
(2) Jungziegen

Insgesamt also 48 Tiere.
Als sie nun die Tonbörse öffneten, fanden die Archäologen darin 48 kleine kugelförmige Gegenstände aus gebranntem Lehm, die leider aus Unachtsamkeit verloren gingen.

Die Fachwelt hätte dieser Entdeckung womöglich keinerlei Bedeutung zugemessen, wenn nicht ein unvorhergesehenes Ereignis sie über

die ursprüngliche Funktion des Fundstücks aufgeklärt hätte: „Ein Expeditionsdiener war auf den Markt geschickt worden, um Hühner einzukaufen; aus Versehen wurden diese Hühner nach seiner Rückkehr im Hühnerstall untergebracht, ehe sie gezählt worden waren. Nun war dieser Diener vollkommen ungebildet, er konnte nicht zählen und deshalb auch nicht sagen, wie viele Hühner er gekauft hatte. Es wäre unmöglich gewesen, ihm diesen Einkauf zu bezahlen, wenn er nicht eine Anzahl Kieselsteine vorgewiesen hätte, die er beiseite gelegt hatte, einen für jedes Huhn, wie er erklärte." (Guitel 1975)

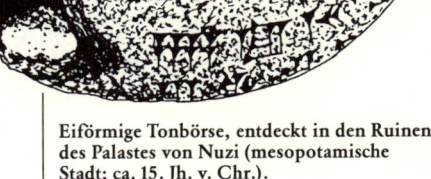

Eiförmige Tonbörse, entdeckt in den Ruinen des Palastes von Nuzi (mesopotamische Stadt; ca. 15. Jh. v. Chr.).

Ohne sich dessen bewußt zu sein, hatte ein analphabetischer Eingeborener auf dieselbe Art gezählt wie einige ebenso ungebildete Hirten, die

3500 Jahre vor ihm auf dieser Erde gelebt hatten.

Die eiförmige Börse hatte in der Tat einem Buchhalter der alten Stadt Nuzi gehört, der schreiben konnte und bei dem sich die Hirten melden mußten, ehe sie die Herde ihres Herrn auf die Weide führten. Wenn sie aufbrachen, formte der Beamte Kugeln aus ungebranntem Lehm, für jedes Tier eine, die er in die Tonkugel legte. Diese wurde verschlossen und in Keilschrift beschriftet, die die Zusammensetzung der Herde wiedergab und das Siegel des Besitzers enthielt.

Bei der Rückkehr des Hirten genügte es, die Börse zu zerschlagen und die Anzahl der Hammel und Ziegen mit der der eingeschlossenen Kügelchen zu vergleichen. Ein Irrtum war nicht möglich; die eingeritzte Schrift und das Siegel waren die Garantie für den Besitzer und die Kügelchen die Sicherheit für den Hirten...

Georges Ifrah:
„Universalgeschichte der Zahlen"

Die ältesten Zahlschriftzeichen sind so alt wie die Schrift selbst. Sie stammen aus der Zeit von etwa 3000 v. Chr. Interessant ist dabei die graphische Ähnlichkeit zwischen der mesopotamischen ⌈ und der ägyptischen | Version. Auch in der viel jüngeren römischen Schrift bleibt es bei der Kerbe I für die Zahl „eins".

In all diesen Schriften erhielt man die Zahlen „zwei, drei, vier, fünf" etc. zunächst durch eine Aneinanderreihung der Symbole. Ursprünglich bündelte keine dieser Kulturen die Elemente bei „fünf", sondern sie reihten weiter. Die Bündelung erfolgte erst bei „zehn":

mesopotamisch: ＜
ägyptisch: ∩
römisch: X

Griechen und Juden dagegen waren so sehr von ihrem Alphabet überzeugt, daß sie keine Zahlzeichen entwickelten, sondern dafür ihre Buchstaben verwendeten. (Abb.)

Nicht alle alten Völker setzten die auf „zehn" folgende Zählgrenze bei „hundert". Diese wird in der Frühzeit in Mesopotamien nur in einigen Stadtstaaten verwendet, während andere sie bei „sechzig" vornehmen. Erst etwa um 1800 v. Chr. wird die Zählgrenze „sechzig" für mesopotamische Rechenmeister verbindlich. Zum Schreiben der Zahlen verwendet man zwei Schriftzeichen; allerdings wird der „Stellenwert" nicht eindeutig festgelegt. So schreibt man:

⌈   eins;   ＜   zehn;
⌈   sechzig;   ＜   sechshundert

Erschwerend kommt hinzu, daß

＜   auch „zehn Sechzigstel" und ⌈

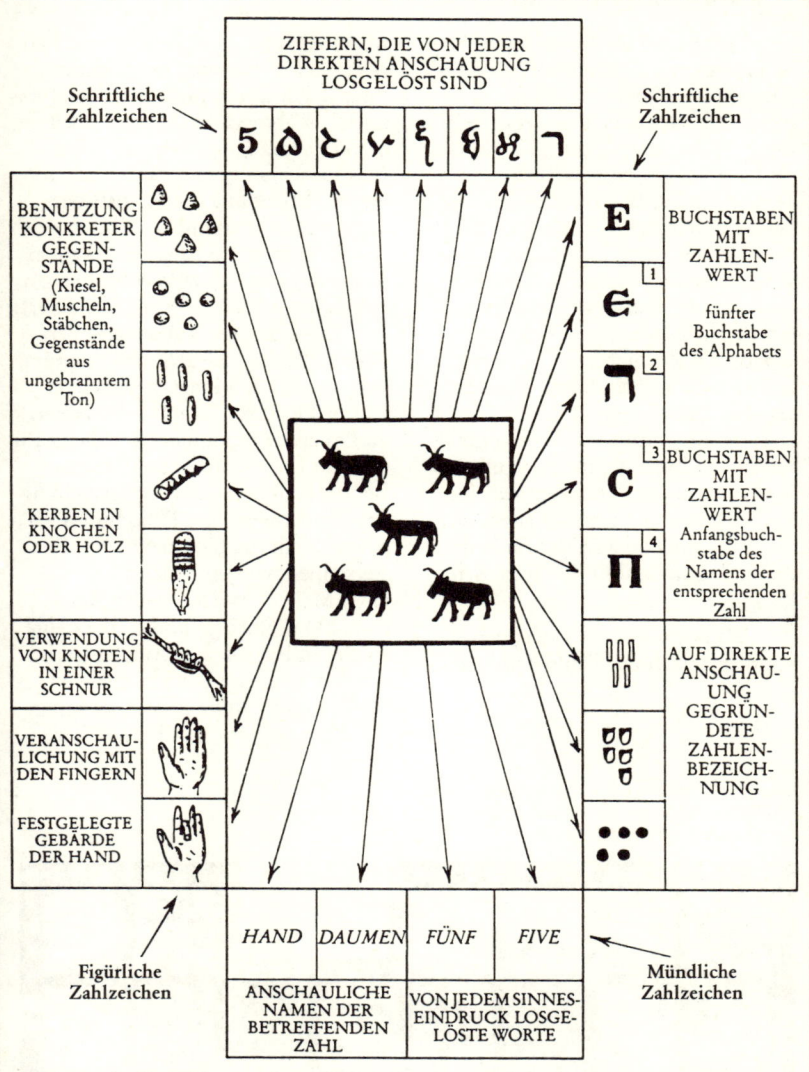

(1) griech. Buchstabe „epsilon"; (2) hebr. Buchstabe „he"; (3) Anfangsbuchstabe des Wortes „fünf";
(4) griech. Buchstabe „pi", Anfangsbuchstabe des Wortes PENTE („fünf").

Übersichtstabelle zu den verschiedenen Möglichkeiten, Zahlbenennungen oder Zahlzeichen zu entwickeln am Beispiel der Zahl Fünf. Nach Ifrah, *„Universalgeschichte der Zahlen".*

„ein Sechzigstel" bedeuten kann. So braucht man im „gelehrten babylonischen System" beim Lesen der richtigen Zahl jeweils auch den zur Rechnung gehörenden Text (nicht umsonst sind alle babylonischen Rechnungen Textaufgaben). War für die Verfasser der Tontafeltexte die richtige Zahl noch deutlich und erkennbar, so müssen sich heutige Gelehrte erst wieder in die Lebensumstände der Mesopotamier zurückversetzen, um zu wissen, ob ein Zeichen „eins", „sechzig", „dreitausendsechshundert" etc. oder „ein Sechzigstel" etc. bedeutet.

Im Gegensatz zum Sexagesimalsystem der Mesopotamier beruht die Mathematik der Alten Ägypter und Römer auf dem Dezimalsystem. D. h. die Zusammenfassung der Einheiten erfolgt bei der Zahl 100 – ägyptisch ⸾, römisch C (für „centum").

Wirklich schriftlich rechnen konnten mit ihrem Zahlschriftsystem weder Ägypter noch Juden, Griechen oder Römer. Für die Durchführung ihrer Rechnungen brauchten sie Hilfsmittel. Während die Ägypter noch die Hand bevorzugten, benutzten die Mesopotamier bereits Jahrhunderte vor der Erfindung der Schrift sogenannte „Rechensteine".

Wie diese Kulturen es trotzdem schafften, wirklich zu rechnen, sei an folgenden beiden Beispielen erläutert:

Darstellungen auf ägyptischen Grabmalereien belegen, daß ursprünglich nur mit den Fingern gerechnet wurde. Doch seit knapp zehn Jahren gibt es einen monumentalen Beleg für ein weit fortschrittlicheres System: Bei der systematischen Untersuchung des Fundament- und Füllschuttes sowie durch das Umdrehen von Pflastersteinen wurden Bruchstücke einer Mauer aus dem Neuen Reich (ca. 1200 v. Chr.) gefunden, die heute wieder in Karnak aufgerichtet ist. In den Stein ist eine Zahlentabelle eingemeißelt (Abb.). Die Zahlen stehen in Kästchen sauber und übersichtlich

Dieses Spielbrett aus den Königsgräbern von Ur (2400 v. Chr.) wurde wahrscheinlich auch zum Rechnen verwendet.

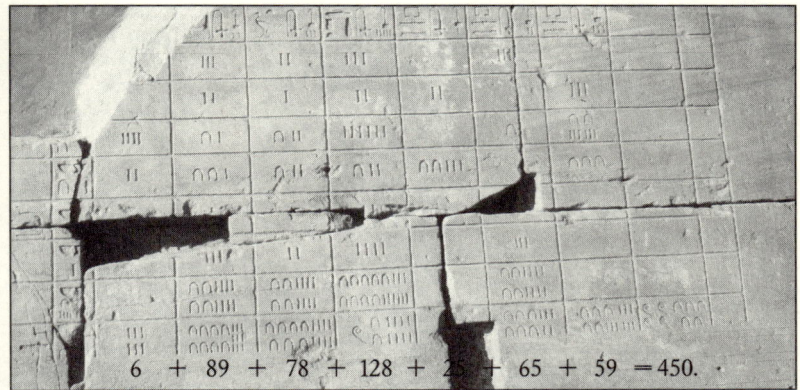

Um 1200 v. Chr. rechneten die Ägypter mit
einer Zahlentabelle.

neben- bzw. untereinander angeordnet.
Die unterste Zahl stellt jeweils die
Summe der darüberliegenden sieben
Positionen dar. Rechts unten steht
herausgerückt die Summe der gesam-
ten untersten Zeile.

Man legte also übersichtliche
Tabellen an, schrieb die Zahlwerte
untereinander und konnte dann durch
Abzählen der Zahlwerte und durch
Bündelung ohne weiteres „ägyptisch"
addieren. Unser Lehrsystem in der
Grundschule weist übrigens gewisse
Ähnlichkeiten mit diesem System auf.

Nach dem gleichen Verfahren
haben vermutlich auch die Mesopotamier gerechnet, wenn uns auch keinerlei schriftliche Aufzeichnungen
über den Rechen*vorgang* erhalten
sind. Auf den Tontafeln steht immer
nur das Ergebnis verzeichnet. So
deutet alles darauf hin, daß die Rechnung nie schriftlich, sondern immer
„maschinell" – sei es mit der Hand,

sei es mit Rechensteinen – geschah.
Wie allerdings gerechnet wurde, läßt
sich bis heute nur vermuten, denn die
Funde haben nur Steine zutage gefördert, keinen Beleg darüber, wie sie
tatsächlich verwendet wurden.

Genaueres weiß man da erst aus
der griechischen und römischen
Antike. Aus dieser Zeit ist uns der sogenannte „Abacus" (Rechenbrett)
überliefert. Er beruht darauf, daß
jeder Bündelzahl eine Zeile gegeben
wird, die man nach steigenden Zahl-
werten anordnet. Bei diesem System
kann man mit ein und demselben
Rechenpfennig arbeiten, denn der
Zahlwert des Rechenpfennigs ergibt
sich ja aus der Zeile, in der er liegt
(Abb.).

War dieses System auch weit verbreitet, sind uns doch nur wenige
Abaci erhalten. Das liegt vermutlich
daran, daß man die Zeilenzeichnung
vor Gebrauch schnell selbst anfer-
tigte, indem man sie etwa mit Kreide
auf eine Holzplatte zeichnete. Das

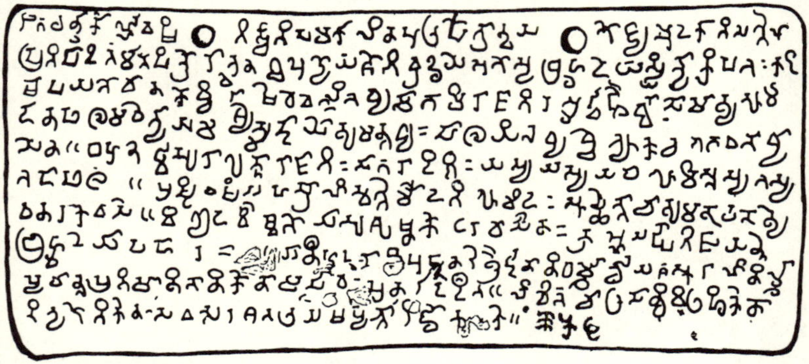

Indische Schenkungsurkunde von 595 n. Chr.

griechische Rechnen mit seinen Zahlwertbuchstaben wäre ohne Abacus undenkbar, und es gibt eine Reihe von Belegen aus der bildenden Kunst für dessen Verwendung.

Im Gegensatz zu Ägypten gibt es aus Mesopotamien eine Unmenge von mathematischen und astronomischen Tontafeltexten. Bei jeder größeren Ausgrabung kommen neue ans Licht (z. B. in Ebla). Dabei ergab sich, daß die Babylonier in der Lage waren, die Quadratwurzeln auf fünf Dezimalen genau zu berechnen. Sie kannten nicht nur die Rauminhalte der geradlinig begrenzten Flächen und Körper, sondern verfügten auch über einen Näherungswert der Zahl π fürs Bauhandwerk und einen noch genaueren Wert für mathematische Aufgaben. Zwar entwickelten sie keine griechisch-dialektische Geometrie, waren aber 3 000 Jahre lang die großen Rechner der Antike, die Rechenaufgaben nicht mittels Zirkel und Lineal, sondern mittels Rechenaufgaben lösten.

Ab der Seleukidenzeit (3. Jahrhundert v. Chr.) verbesserten die Mesopotamier ihre Zahlenschrift noch weiter. Es erwies sich als untragbar, daß bei den vielen, jetzt wissenschaftlichen Rechnungen ein Zeichen wie ◁「 unter anderem „11" bedeuten konnte, aber auch „601" oder „660". Daher führten die Mesopotamier ein Leerstellenzeichen ein: 〳〳 oder ⧖ . Nun hieß ◁〳〳「 „601" und ◁「 „660" – oder „11", je nach Textaufgabe.

Seit dem 2. Jahrhundert v. Chr. benutzten auch griechische Astronomen ein Leerzeichen, um ganze Zahlen und Brüche zu unterscheiden – eine Notation, die es bei den Keilschrifttexten noch nicht gibt.

Peter May

Eine wesentliche Änderung in der Ent-wicklung der Zahl und damit der Mathe-matik trat mit der „Erfindung" der Zahl 0 durch die Inder ein. Erst die Null ermög-licht ein abstraktes Rechnen. Entstand diese Zahl in Indien bereits zwischen 300 und 600 n. Chr. und gelangte sie durch die Araber im 8. und 9. Jahrhun-dert zwar schon über Süditalien und Spa-nien nach Europa, setzte sie sich doch erst in der Renaissance langsam durch.

Das Eindringen der neuen Ziffern-schrift

Die feste Verwurzelung im Volk macht es den neuen indischen Zahl-zeichen, den „zifferzalen", über alle Maßen schwer, den alten, warmen Platz der römischen einzunehmen. Wir werden später hören, daß im Norden die indischen Zahlzeichen erst von 1500 an in das Volk eindrin-gen. Diese Jahrhundertwende ist ja die große geistige Wende, von der an sich überall Neues regt und bewegt. So furchen auch eine Reihe Pflüge den Boden für die neue Zahlschrift auf. Der Handel entfaltet sich ins Große. Mit ihm muß seine Beherr-schung wachsen. Den Tauschverkehr löst die Geldwirtschaft ab; jetzt kann nicht mehr der Großkaufmann in Lübeck oder Nürnberg ins Kerbholz schneiden, jetzt muß er Buch führen und Zahlen schreiben, und jetzt muß er rechnen. Die Forderung nach Kenntnissen ist da. Jetzt sind es die reich gewordenen Städte, die die Bil-dung bestimmen, die sie nötig haben, nicht mehr die weltfernen Klöster. Die Schulfrage wird jetzt wirklich zur Frage, die auch von der Reformation her belebt und in Gang gehalten wird.

Freilich behauptet sich hier das Mit-telalter noch fest und lange; und der Humanismus verächtelt vielfach die frische Lebensregung der Städte und stelzt, statt in gesunden deutschen Schuhen fest aufzutreten und Schritt-macher zu werden, auf fremden Absätzen einher. Der Buchdruck aber sorgt für die Verbreitung all dieser Regungen: Jeder kann sich jetzt das erwerben, was vorher nur einzelnen zugänglich war.

So kocht alles in dieser Zeit auf, Altes und Neues, Gewolltes und Ge-konntes, richtig Gemeintes und falsch Verstandenes. Man könnte diese Bei-spiele als Sinnbild dafür nehmen.

M·CCCC·8II	1482
1·5·IIII	1504
CC2	202
15X5	1515
C δ	104 (!)

Mit Null:	
I·0·VIII·IX	1089
IV0II	1502
ICC00	1200
I·II·τ·τ	1200
15000·30	15030

Dirk Bouts schreibt auf seinen Erasmus-Altar in Löwen MCCCC4XVII. Ein Buch zählt die Seiten so: 100, 100-1, 100-2,..., 200-4, 200-5 usw.

Versuchen wir die Zeit, in der die neue Zahlschrift eindringt, genauer festzulegen. Wenn der Stein-metz auf dem Denkstein des Zeug-warts von Hallenburg an der Mün-chener Frauenkirche das Todesjahr von dessen Gemahlin noch M·DC·Z4 schreibt, so beweist das nur, daß er selbst ein Jahrhundert hinter dem neuen Zählbrauch nachhinkt. Sein Landsmann und Zunftgenosse dagegen, der das schöne Rittergrabmal schuf und am Kopf das Sterbejahr m·cccc·lrrrij einschlug, nannte an der linken Seite das Jahr, in dem des Ritters Bruder starb, neu ·94·, also sozusagen im gleichen Atem. Die Zeit der sterbenden Ritter ist in der Tat die des Übergangs, denn sie ist ja die aufblühende Zeit des Kaufmanns. Und in seinen Hauptbüchern nistet sich die neue Zahlschrift langsam, aber unaufhaltsam ein, eben dort, wo sie wirklich gebraucht wird. Leider reichen die Bücher der Fugger in Augsburg nur zurück bis 1494, darum schauen wir uns einmal die Rechnungsbücher der freien Reichsstadt Augsburg an, die fast lückenlos die Einnahmen und Ausgaben von 1320 an verbuchen. An den Beispielen aus dem Augsburger Stadtarchiv gewinnen wir gleichzeitig einen aufschlußreichen Einblick in die Geschichte der Buchführung und der Geldbezeichnungen.

Grabmal der Ritter Ludwig und Hans von Paulsdorf.

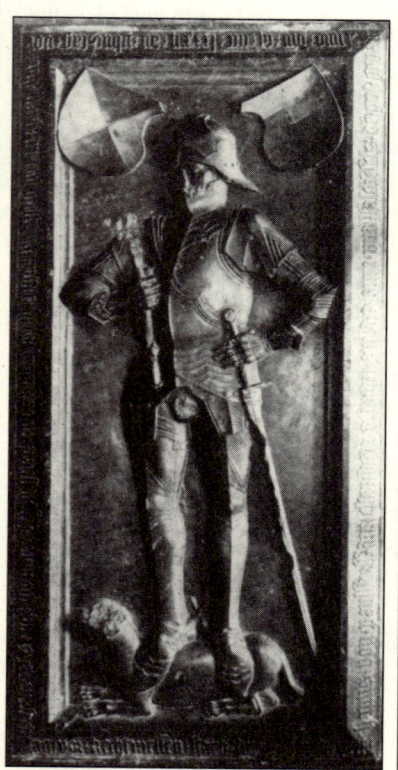

Anfangs werden Vorgang und Vertrag lateinisch geschrieben, dann nur noch der Betrag, und zwar immer im laufenden Text, bis er eines Tages „ausgeworfen" wird. Die eindringende Ziffernschrift erfaßt erst die meist nur einmal auftretende Jahreszahl; ehe sie sich an die laufenden Beträge wagt. Aber auch dann sichert sich der Schreiber noch gegen sie, indem er den Geldbetrag erst im Text römisch schreibt, ehe er ihn dann indisch auswirft! Das ist 1470. Von da an ist das Eis gebrochen, wenn es auch noch über ein halbes Jahrhundert dauert, bis der Betrag nur in der neuen Zahlschrift geschrieben wird. In den Büchern der weltoffenen Fugger dagegen treten schon um 1494 (von da an sind sie vorhanden) nur noch Ziffern auf. Im Jahre 1533 ließ Jakob Fugger eine Aufstellung seines Vermögens machen, und da schauen wir denn schon in eine „moderne" Buchführung.

Karl Menninger:
„Zahlwort und Ziffer.
Eine Kulturgeschichte der Zahl"

Mit dem Stellenwert und der Einführung der Null war die Entwicklung der Zahlschrift abgeschlossen. Mit diesen Zahlen nun konnte man unmittelbar schriftlich rechnen, d.h. man hatte ein Verfahren (Algorithmus) für Addition, Subtraktion, Multiplikation und Division dieser Zahlen. Diese Verfahren werden seit der Renaissance an den abendländischen (Grund-)Schulen gelehrt.

Ab dem 17. Jahrhundert reichte dieser Algorithmus für die Wissenschaftler nicht mehr aus. Man erfand Logarithmen zum schnelleren Multiplizieren und Dividieren, vor allem aber zum Wurzel- und Exponentenrechnen sowie für die Trigonometrie. Auch Logarithmen werden noch mit sogenannten „arabischen" Ziffern geschrieben.

Im 18. Jahrhundert entwickelte Euler eine neue Zahl, die sich als Dezimalbruch mit unendlich vielen Stellen in arabischen Ziffern schreiben läßt und die man mit „e" bezeichnete (Eulersche Zahl), ebenso wie man die Kreiszahl 3,14 … π nannte. Friedrich Gauß erfand um 1800 eine völlig neue Art von Zahlen, die sogenannten „Restklassen modulo …". R. Dedekind schrieb um die Mitte des 19. Jahrhunderts seine berühmte Abhandlung: „Was sind und was sollen die Zahlen". Inzwischen ist man weit von allen keilschriftlichen, römischen oder arabischen Schriftzeichen entfernt, weit weg von allem, was man zählen kann. Zahlen sind algebraische Strukturen, die durch ihre Rechengesetze (Axiomensysteme) definiert sind.

In der Algebra des 16. Jahrhunderts hatte man Buchstaben als Stellvertreter für Zahlen verwendet. Bei Zahlen dachte man immer an reelle Zahlen (Dezimalbrüche mit bis zu unendlich vielen Stellen hinter dem Komma). Dann arbeiteten Cardano (16. Jahrhundert), Leibniz (17. Jahrhundert), d'Alembert (18. Jahrhundert), Euler (18. Jahrhundert), Gauß (19. Jahrhundert), Gauchy (19. Jahrhundert), Riemann (19. Jahrhundert) und Weierstrass (19. Jahrhundert) mit den komplexen Zahlen. Hamilton (19. Jahrhundert) entwickelte Tensoren, und im 20. Jahrhundert gibt es nur noch die abstrakte Definition von Zahl.

Bereits Blaise Pascal und Leibniz beschäftigten sich mit der Konstruktion von Rechenmaschinen. In diesem Zusammenhang interessierte sich Leibniz für die Verschriftung aller (reellen) Zahlen durch die beiden Ziffern 0 und 1. Dieses Ja/Nein-Prinzip wurde im 20. Jahrhundert vor allem für die Elektronik wichtig.

Alle Rechenmaschinen waren zunächst dazu gedacht, mechanische Rechenvorgänge zu erleichtern, z.B. Wurzeln auf zehn Dezimalstellen genau zu ermitteln. Dazu gab es seit dem 17. Jahrhundert die Logarithmentafeln. In der ersten Hälfte des 20. Jahrhunderts verwendeten die Ingenieure dazu den Rechenstab, während heute der Computer alle diese „steinzeitlichen" Geräte ersetzt. Der als Rechner entwickelte Computer kann inzwischen schon viel mehr als nur rechnen. Er kann daneben auch zeichnen und dient nicht zuletzt auch der Vermittlung von Sprache.

Peter May

Schrift und Musik

Die schriftliche Fixierung von Musik stellte den Menschen vor weit größere Probleme als das Niederlegen von Texten, denn mehr als in anderen Bereichen spielen in der Notation der aktuelle Stil und die gängige künstlerische Ausdrucksform eine Rolle. So kam es in Europa erst im Mittelalter zu einer Notation, die das authentische Rekonstruieren von Komposition ermöglichte. Allerdings wurde ein ganzer Komplex von tradierten Kenntnissen und Interpretationsregeln vorausgesetzt, die man meistens nicht schriftlich niederlegte. Daraus ergeben sich für die Analyse wie auch für die Aufführung der Werke gerade bei alter und älterer Musik erhebliche Schwierigkeiten.

Die Anfänge der Notenschrift liegen ziemlich im dunkeln. Zwar sind uns seit dem Altertum (z. B. von den Alten Ägyptern) Zeichen bekannt, mit deren Hilfe Musik aufgeschrieben wurde, bei der Entzifferung aber, welches Zeichen welchen Ton, welchen Intervall wiedergab oder ob sie überhaupt die uns vertrauten musikalischen Angaben meinen, sind wir weitgehend auf Vermutungen angewiesen. Vergleichbares gibt es ja auch bei der Entschlüsselung der sogenannten toten Sprachen wie des Altgriechischen, deren Sinngehalt wir zwar kennen, über deren klangliche Umsetzung aber keine Gewißheit besteht.

Mit die frühesten bekannten europäischen Denkmäler der Musiknotationen stammen aus einer Inschrift am Schatzhaus der Athener zu Delphi (ca. 138/128 v. Chr.). Dort werden Buchstaben des ionischen Alphabets verwendet, die aufrecht oder liegend über die entsprechende Silbe des Textes gesetzt sind. Tonrepetitionen werden nicht extra gekennzeichnet, sondern man setzt das Zeichen für den zwei- oder dreimal wiederholten Ton einfach einmal über die erste Silbe.

Bei dieser Inschrift handelt es sich um das älteste Dokument der musikalischen Notation der Griechen. Das auf einer Grabstele in Tralles in Kleinasien eingemeißelte Seikilos-Lied,

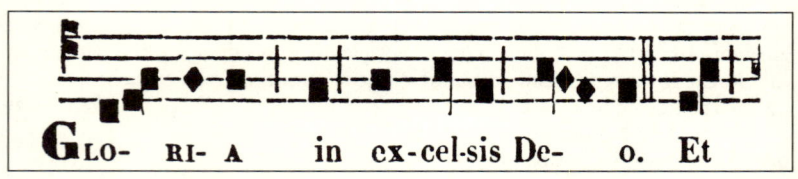

GLO- RI- A in ex-cel-sis De- o. Et

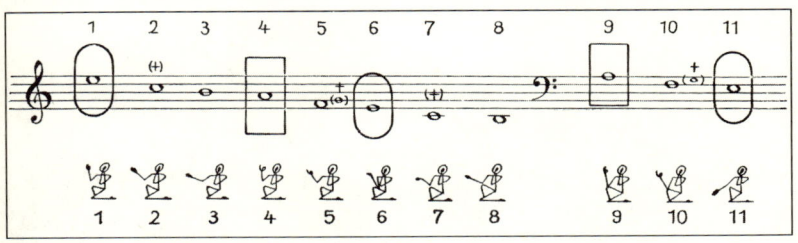

Ägyptische Notenschrift.

□ = *Grundton* ; ○ = *Quinte* ;

das wohl berühmteste griechische Musikdokument, ist etwa 500 Jahre jünger und stammt aus der römischen Kaiserzeit. Insgesamt gibt es allerdings nur sehr wenige Beispiele für die griechische Notation.

Die Wurzeln der europäischen neuzeitlichen Notenschrift liegen im frühen Mittelalter, entspringen der mönchischen Kultur. Im Jahr 678 schickte Papst Gregor I. Missionare eigens von Rom nach Mittel- und Nordeuropa, um die Mönche im römischen Kirchengesang und seinen Regeln zu unterrichten.

Niedergeschrieben wurden die nach dem Papst benannten Gregorianischen Gesänge – einstimmige Melodien – in sogenannten Neumen, die nicht nur in Europa, sondern auch in weiten Bereichen des Vorderen Orients verbreitet waren. Neumen (von gr. „neuma" = „Wink") gaben nur ungefähr den Verlauf der Melodie wieder. Vom 10. Jahrhundert an wurden eine oder mehrere Linien eingeführt, anhand derer man die Tonhöhe etwas exakter ablesen konnte.

Der Benediktinermönch Guido von Arezzo (um 992 – um 1050) führte eine Vorform der Notenschrift ein: Ausgehend von den waagrechten Linien auf den Fingern der menschlichen Hand (Guidonische Hand) entwickelte er eine „Merkhilfe" für Sänger, aus der im Lauf der Zeit die bis heute verwendeten Notenzeilen im Terzabstand entstanden. Dadurch wurde eine exakt rekonstruierbare Darstellung von Tonhöhen und Intervallen erst möglich.

Diese Notation führte zu der sogenannten Quadratschrift, die im späten Mittelalter eine Form erreichte, die dem heutigen Bild schon deutlich ähnelt (Philippe de Vitry). Im späten Mittelalter (ca. 13. Jahrhundert) kam es dann zur Entwicklung der Mensuralnotation, bei der die Form der Noten gleichzeitig auch Informationen über die Länge der Töne im Verhältnis zueinander enthielt.

Seit der Barockzeit änderte sich die Notenschrift kaum mehr, und das Notenbild als solches blieb bis zum 20. Jahrhundert im wesentlichen gleich. Allerdings beschäftigen sich die Komponisten der sogenannten Avantgarde aufgrund veränderter ästhetischer Bedingungen wieder mit

Ionische Inschrift am Schatzhaus der Athener in Delphi.

dem Problem der schriftlichen Fixierung von Musik. An dieser Stelle seien nur Karlheinz Stockhausen, John Cage und Anestis Logothetis genannt.

Eine wesentliche, aber von der bislang beschriebenen völlig verschiedene Form der Notenschrift stellen die besonders in der Renaissance und im Barock verbreiteten Tabulaturen dar: Griffnotationen zumeist für Zupfinstrumente, die eher gleichsam Spielanleitungen als graphische Umsetzung von Klangereignissen waren.

Matthias Henke

Neumen. Frühmittelalterliche Notenschrift, bei der nur ungefähre Tonhöhen, nicht aber Rhythmen angegeben werden.

Welche Probleme sich durch die besonderen Eigenheiten der Notenschrift ergeben, sei es für die das Stück interpretierenden Musiker, sei es für Musikwissenschaftler, macht der Musiktheoretiker und Dirigent Nikolaus Harnoncourt, ein Pionier der historisch adäquaten Aufführungspraxis, deutlich.

Probleme der Notation

Immer wieder steht man als Musiker der Frage gegenüber, wie ein Komponist seine Ideen und Wünsche fixiert und so den Zeitgenossen und der Nachwelt zu übermitteln versucht. Immer wieder erkennen wir die Grenzen dieser Bemühungen, sehen die Versuche verschiedener Komponisten, der Vieldeutigkeit durch mehr oder weniger genaue Anweisungen zu entgehen.

Bei jedem Komponisten bildet sich so eine Art persönlicher Notenschrift, die man heute nur entziffern kann, wenn man sie in ihrem historischen Zusammenhang studiert. Verhängnisvoll ist allerdings der noch immer weitverbreitete Irrtum, die Notenzeichen, die Affekt- und Tempoworte sowie die dynamischen Bezeichnungen hätten schon immer dieselbe Bedeutung gehabt wie heute. Diese irrige Ansicht wird durch die Tatsache gefördert, daß seit Jahrhunderten beim Aufschreiben von Musik dieselben graphischen Zeichen verwendet werden, es wird zu wenig bedacht, daß die Notenschrift nicht einfach eine zeitlose, übernationale Bezeichnungsmethode für Musik ist, die für mehrere Jahrhunderte unverändert gilt; mit den stilistischen Wandlungen der Musik, den Ideen der Komponisten und der ausführenden Musiker verändert sich auch die Bedeutung der verschiedenen Zeichen der Notenschrift. Ihre jeweilige Bedeutung kann teils in Schulwerken studiert werden, teils muß sie aus dem musikalischen und philologischen Zusammenhang erschlossen werden, was wohl immer auch die Gefahr von Irrtümern einschließt. Die Notenschrift ist also ein äußerst kompliziertes System von Chiffren. Jeder, der einmal versucht hat, einen musikalischen Gedanken oder eine rhythmische Struktur in Noten darzustellen, weiß, daß dies relativ leicht ist. Aber wenn man dann einen Musiker auffordert, das so Aufgeschriebene zu spielen, bemerkt man, daß er überhaupt nicht das spielt, was man gemeint hat.

Wir haben also eine Notenschrift, die uns sowohl über den Einzelton als auch über den Ablauf der Musikstücke informieren soll. Es müßte aber jedem Musiker klar sein, daß diese Notenschrift sehr ungenau ist, daß sie gerade die Dinge, die sie uns sagt, nicht *genau* angibt: Sie gibt uns keine Auskunft über die Länge eines Tones, keine Auskunft über seine Höhe, keine Auskunft auch über das Tempo, weil die technischen Kriterien, die für diese Auskünfte nötig wären, durch die Notenschrift nicht vermittelt werden können. Die Dauer einer Note könnte man nur in einer Zeiteinheit genau angeben; die Tonhöhe könnte eigentlich nur in Schwingungszahlen dargestellt werden; ein konstantes Tempo könnte man eventuell mit dem Metronom bezeichnen – es gibt aber kein konstantes Tempo.

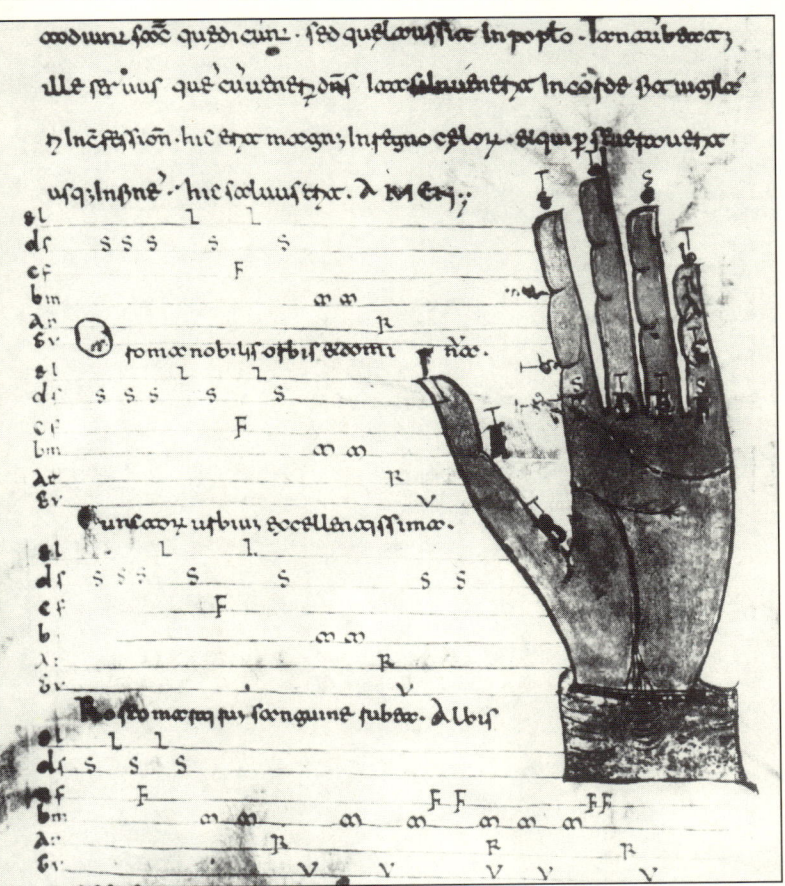

Älteste Darstellung der „Guidonischen Hand" aus dem 11. Jh.

Ist es nicht sehr erstaunlich, daß vom Wesen und Stil her völlig verschiedene Musik, wie z. B. eine Opernszene von Monteverdi oder eine Symphonie von Gustav Mahler, mit *denselben* Notenzeichen niedergeschrieben ist? Wenn man sich über die extremen Unterschiede der verschiedenen Arten von Musik klar ist, muß es doch merkwürdig erscheinen, daß für die Musik jeder Epoche, jedes Stils, und seien sie noch so unterschiedlich, etwa ab 1500 dieselben Zeichen verwendet werden.

Trotz dieser Gleichheit der graphischen Zeichen gibt es zwei grundsätzlich verschiedene Prinzipien ihrer Anwendung:

1. Das *Werk*, die Komposition selbst, wird aufgeschrieben – dessen *Wiedergabe* im einzelnen ist dann aus der Notation nicht zu erkennen.

2. Es wird die *Ausführung* niedergeschrieben; dabei ist die Notation gleichsam eine *Spielanweisung*; sie zeigt also nicht (wie im ersten Fall) Form und Struktur der Komposition, deren Wiedergabe aus anderen Informationen erschlossen werden muß, sondern so genau wie möglich die Wiedergabe: *So* soll hier gespielt werden – das Werk ergibt sich dann bei der Aufführung sozusagen von selbst.

Generell ist die Musik etwa bis 1800 nach dem *Werk*prinzip notiert, danach als *Spiel*anweisung. Dennoch gibt es zahlreiche Überschneidungen: So sind etwa die Tabulaturen (Griffnotationen) für bestimmte Instrumente schon im 16. und 17. Jahrhundert reine Spielanweisungen – die also nicht das *Werk* graphisch darstellen. Diese Tabulaturen zeigen genau, wohin der Spieler greifen, wann er (etwa die Laute) zupfen soll – dann entsteht in der klingenden Ausführung die vorgesehene Musik. Wenn man sich eine Tabulatur ansieht, kann man sich keine Klänge vorstellen, sondern man sieht nur die Griffe vor sich – es ist dies der Extremfall einer Notation als *Spiel*anweisung. Bei Kompositionen nach 1800, die in der

Schriftbild der mehrstimmigen Musik im Mittelalter und in der Renaissance am Beispiel einer Motette von Philippe de Vitry.

üblichen Notenschrift, ebenfalls im Sinne der Spielanweisung, niedergeschrieben sind (etwa bei Werken von Berlioz oder Richard Strauss und vielen anderen), ist so genau wie möglich angegeben, wie das Geschriebene klingen soll; erst bei genauer Ausführung dieser Noten, bei Erfüllung aller Anweisungen, entsteht die Musik.

Wollen wir hingegen Musik spielen, die in der *Werk*notation aufgeschrieben ist, die also vor der schon genannten Grenze (etwa um 1800) liegt, fehlt uns die genaue „Gebrauchsanweisung". Wir müssen dafür zu anderen Quellen greifen. Dieser ganze Komplex ist natürlich auch ein großes pädagogisches Problem, denn man lernt normalerweise zuerst die Notenschrift, und erst später, die Musik zu gestalten; die Notenschrift wird stillschweigend als für jede Musik gültig vorausgesetzt, und niemand sagt dem Studenten, daß die Musik *vor* dieser Notationsgrenze anders zu lesen sei als die danach. Man macht sich und dem Studierenden dabei viel zu wenig bewußt, daß man es im einen Fall mit einer fertigen Spielanweisung zu tun hat, während man im anderen Fall eine Komposition vor sich hat, ein Werk, das in einer prinzipiell anderen Weise aufgezeichnet ist. Diese beiden unterschiedlichen Auslegungsmöglichkeiten ein und derselben Notenschrift – Werknotation und Spielanweisung – müßten jedem Musikstudenten von Anfang an in seinem Theorie-, Instrumental- und Gesangsunterricht klargemacht werden. Sonst spielt oder singt er in beiden Fällen das „was dasteht" (eine häufige, fordernde Formel von Musikpädagogen), wobei er

Tabulatur für Laute aus der Renaissance.

der *Werk*notation unmöglich gerecht werden kann, ohne sich mit ihr auseinandergesetzt zu haben.

Vielleicht kann man das am einfachsten mit dem Begriff der Orthographie erklären. Es gibt eine musikalische „Rechtschreibung", die von der Musiklehre, der Musiktheorie, der Harmonielehre abgeleitet wird. Von dieser musikalischen Rechtschreibung her resultieren Besonderheiten der Notation, zum Beispiel, daß Vorhalte, Triller und Appoggiaturen sehr oft nicht ausgeschrieben werden, was immer wieder irritiert, wenn man glaubt, spielen zu müssen, wie es in den Noten steht. Oder daß Verzierungen nicht festgelegt werden: Wenn man sie aufschriebe, würde man die

schöpferische Phantasie des Musikers ausschalten; diese aber wird gerade bei den freien Verzierungen gefordert.

Nikolaus Harnoncourt:
„Musik als Klangrede"

Seite aus der „Zweiten Symphonie" von Gustav Mahler.

Die Schrift in Literatur und Kunst

Da Literatur durch Schrift vermittelt wird, besteht ein sehr enges und häufig reflektiertes Abhängigkeitsverhältnis zwischen beiden. So macht sich die Literatur auf der einen Seite das Schriftbild zunutze, um ihre Inhalte akzentuierter zu vermitteln. Auf der anderen Seite sind sich die Literaten durchaus bewußt, daß sie das Medium Schrift brauchen, um sich überhaupt mitteilen zu können. Doch indem sie die Schrift verwenden, schaffen sie einen – häufig unüberbrückbaren – Abstand zwischen sich und ihren Lesern: Der fehlende Erzählton, die mangelnde Kommunikation zwischen Autor und Leser führt dazu, daß geschriebene Texte sich verselbständigen: Nach ihrer Veröffentlichung hat der Schreiber kaum noch eine Möglichkeit, Einfluß auf ihre Interpretation nehmen.

„Die Kultur oder zumindest die Geschichte der Menschheit beruht auf dem Papyrus", schrieb Plinius der Ältere um das Jahr 70 n. Chr. Und die Rolle der Papyri für unsere Kenntnis der Geisteswelt und der Geschichte der Alten Ägypter ist tatsächlich nicht zu unterschätzen: ein Beispiel für die Bedeutung von Schrift und Schreibern. Daß sich die altägyptischen Schreiber dessen durchaus bewußt waren, geht aus einer ganzen Reihe von Texten hervor. Der berühmteste unter ihnen ist wohl der „Papyrus IV" aus der Bibliothek Chester Beatty:

Jugendstilinitiale.

Sie haben ihr Leben vollendet,
alle ihre Zeitgenossen sind dem Vergessen anheimgefallen.
Die Schreiber haben sich keine Pyramiden errichtet,
keine Stelen aus Erz.
Sie konnten keine Erben ihres Fleisches hinterlassen,
die ihre Namen rühmen sollten.
Aber sie haben ihre Lehrbücher als Erben.
Sie haben ihren Werken die Aufgabe übertragen,
ihre Begräbnispriester zu sein,
und ihre Schreibtafeln werden zu ihren „geliebten Söhnen",
ihre Werke zu ihren Pyramiden,
ihre Feder ist ihr Nachfahr
und der gravierte Stein ihre Gattin.
Die Mächtigen und die Demütigen werden zu ihren Kindern.
Denn er, der Schreiber, ist der Herr.
Wohl hat man ihnen Tore und Paläste gebaut,
aber die Palasttore sind zerfallen.
Ihre „Priester-Doppel" (?) sind verschwunden,
ihre Stelen mit Staub bedeckt,
ihre Gräber vergessen.
Man verkündet jedoch ihre Namen
wegen des Glanzes ihrer Worte.
Und das Andenken der Schreiber währet ewig.
Sei ein Schreiber und bewahre im Herzen,
damit Deinem Namen dasselbe widerfährt:
Ein Buch ist mehr als ein gravierter Stein
oder als eine feste Mauer.
Es ist so gut wie jeder Tempel,
wie jede Pyramide, um Deinen Namen zu bewahren.
Der Mensch vergeht, sein Körper wird wieder zu Staub,
alle, die seinesgleichen sind, kehren zur Erde zurück.
Aber das Buch macht es möglich,
daß Dein Andenken von Mund zu Mund geht.
Besser ist ein Buch als ein festes Haus,
als ein Tempel im Westen,
ja als ein trutziges Schloß oder eine Stele im Heiligtum.
(...) Sie (die Schreiber) haben die Weisen zu Propheten gemacht,
deren Namen vergessen wären,
würden sie nicht durch die Schriften tradiert.

„Papyrus IV" aus der Bibliothek
Chester Beatty

*Der englische Schriftsteller Rudyard
Kipling (1865 – 1936) schildert in einer
seiner „Geschichten für den allerliebsten
Liebling", wie das Steinzeitmädchen
Taffimai Metallumai das Alphabet erfindet, um mit ihrem Vater kommunizie-
ren zu können, wenn er abends spät von
der Jagd zurückkehrt. In für Kinder ver-
ständlicher Form zeichnet Kipling darin
auf phantasievolle Weise einen Teil der
Mechanismen nach, die vermutlich bei
der Erfindung der Schrift gewirkt haben.*

Taffy nahm sich einen Markknochen
und saß zehn Minuten lang mucks-
mäuschenstill, während ihr Papa mit
einem Haifischzahn auf Birkenrin-
denstücke kritzelte. Dann sagte sie:
„Papa, ich habe mir eine geheime
Überraschung ausgedacht. Mach mal
ein Geräusch – irgendein Geräusch."

„Ah!" machte Tegumai. „Reicht
das für den Anfang?"

„Ja", sagte Taffy. „Du sieht aus
wie ein Karpfen mit offenem Maul.
Noch mal, bitte."

„Ah! Ah! Ah! Sei nicht frech,
Tochter."

„Ich mein es nicht frech, wirklich
und ehrlich nicht", sagte Taffy. „Es
gehört zu meinem Geheimen-Über-
raschungs-Denken. Sag noch mal ah,
Papa, und laß den Mund offen und
gib mir den Zahn. Ich will ein weit
offenes Karpfenmaul zeichnen."

„Wozu?" fragte ihr Papa.

„Das", sagte Taffy und kritzelte
auf die Rinde, „ist unsere kleine
geheime Überraschung. Wenn ich
einen Karpfen mit offenem Maul auf
den rauchgeschwärzten Fels in unserer
Höhle zeichne – falls Mami nichts
dagegen hat –, erinnert dich das an
das Ah-Geräusch. Dann können wir
spielen, daß ich aus dem Dunkeln
gesprungen wäre und dich mit diesem
Geräusch überrascht hätte – wie ich es
letzten Winter im Bibersumpf
gemacht habe."

„Wirklich?" sagte ihr Papa in
dem Ton, den Erwachsene haben,
wenn sie ganz aufmerksam sind.
„Mach weiter, Taffy."

„Ach, Mist!" sagte sie. „Ich kann
nicht den ganzen Karpfen zeichnen,
nur etwas, das ein Karpfenmaul
bedeutet. Du weißt doch, wie sie auf
dem Kopf stehen, wenn sie im
Schlamm gründeln? Also, das ist ein
ausgedachter Karpfen (wir tun einfach
so, als wäre er ganz gezeichnet). Das
ist sein Maul, und das bedeutet ‚ah'."
Und sie zeichnete das. (1)

„Nicht übel", sagte Tegumai und
kritzelte auf sein eigenes Rindenstück.
„Aber du hast den Fühler vergessen,
der ihm übers Maul hängt."

„Aber das kann ich nicht zeichnen, Papa."

„Du brauchst gar nichts von
ihm zu zeichnen außer dem offenen
Maul und dem Fühler darüber. Dann

1

2

3

wissen wir, daß es ein Karpfen ist, weil die Flußbarsche und die Forellen keine Fühler haben. Da, schau!" Und er zeichnete das. (2)

„Das zeichne ich ab", sagte Taffy. „Verstehst du es, wenn du es siehst?" Und sie zeichnete das. (3)

Rudyard Kipling:
„Geschichten für den allerliebsten Liebling"

In seinem Roman „Der Name der Rose" beschreibt der Semiotiker Umberto Eco den Umbruch vom Mittelalter zur Renaissance. Der das Mittelalter repräsentierende Mönch Jorge de Burgos bringt nacheinander eine Reihe von Mönchen um, die über die Schrift den neuen Gedanken der Rationalität begegnen und an der mittelalterlichen Vorstellung des bedingungslosen Glaubens an die Kirche zu zweifeln beginnen. Als William von Baskerville, Jorges Gegenspieler und gelehrter Scholastiker, ihm auf die Spur kommt, erklärt ihm Jorge seine Sicht der Gefahren, die vom geschriebenen Wort – hier am Beispiel eines verschollenen Werks des Aristoteles über die Komödie – ausgehen können. Auf die Frage Williams, warum Jorge ausgerechnet dieses Buch so erschrecke, antwortet dieser:

„Weil es vom *Philosophen* stammt. Jedes Werk dieses Denkers hat einen Teil der Weisheit zerstört, die in den Jahrhunderten von der Christenheit aufgehäuft worden ist. Die Patres hatten alles gesagt, was man wissen mußte über das Verbum Dei und seine Kraft, doch es genügte, daß Boethius den *Philosophen* zu kommentieren

begann, und schon verwandelte sich das Mysterium des göttlichen Wortes in die menschliche Parodie der Kategorien und Syllogismen. Das Buch der Genesis hatte alles gelehrt, was man wissen mußte über die Zusammensetzung des Kosmos, doch es genügte, daß man die physikalischen Bücher des *Philosophen* wiederentdeckte, und schon wurde das Universum neugedacht in Begriffen dumpfer und schleimig-ekler Materie, und dem Araber Averroes gelang es beinahe, allen weiszumachen, daß die Welt ewig sei. Wir wußten alles über die Namen Gottes, doch verführt vom *Philosophen* hat jener von Abbo zu Grabe getragene Dominikaner sie neubenannt gemäß den stolzen Denkwegen der natürlichen Vernunft. So wurde der Kosmos, der sich für den Areopagiten demjenigen offenbarte, der die Lichtflut der exemplarischen *causa prima* am Himmel zu schauen vermochte, zu einem Sammelbecken irdischer Anhaltspunkte für die Benennung einer abstrakten Wirkungskraft. Einst schauten wir zum Himmel empor und hatten für den Schlamm der Materie nur einen verächtlichen Blick, heute sehen wir zur Erde nieder und glauben nur noch kraft ihres Zeugnisses an den Himmel. Jedes Wort des *Philosophen*, auf den mittlerweile sogar die Heiligen und die Päpste schwören, hat das Bild der Welt etwas mehr entstellt. Das Bild Gottes indessen hat er noch nicht zu entstellen vermocht. Würde jedoch … wäre jedoch dieses Buch zum Gegenstand offener Ausdeutung und Debatte geworden, so hätten wir auch diese letzte Grenze noch überschritten."

„Aber was schreckt dich so sehr an dieser Abhandlung über das Lachen? Du schaffst das Lachen nicht aus der Welt, indem du dieses Buch aus der Welt schaffst."

„Nein, gewiß nicht. Das Lachen ist die Schwäche, die Hinfälligkeit und Verderbtheit unseres Fleisches. Es ist die Kurzweil des Bauern, die Ausschweifung des Betrunkenen, auch die Kirche in ihrer Weisheit hat den Moment des Festes gestattet, den Karneval und die Jahrmarktsbelustigung, jene zeitlich begrenzte Verunreinigung zur Abfuhr der schlechten Säfte und zur Ablenkung von anderen Begierden, anderem Trachten ... Aber so bleibt das Lachen etwas Niedriges und Gemeines, ein Schutz für das einfache Volk, ein entweihtes Mysterium für die Plebs. Sagte nicht auch der Apostel: Es ist besser zu freien denn Brunst zu leiden? Statt euch aufzulehnen gegen die gottgewollte Ordnung, lacht lieber und ergötzt euch an euren unflätigen Parodien auf die Ordnung, am Ende des Mahles, wenn ihr die Krüge und Flaschen geleert, wählt euch einen König der Narren, verliert euch in der Liturgie des Esels und der Sau, spielt eure verkehrten Saturnalien! Aber hier, hier...", Jorge pochte mit steifem Finger auf den Tisch dicht neben das Buch, das William vor sich hielt, „hier wird die Funktion des Lachens umgestülpt und zur Kunst erhoben, hier werden ihm die Tore zur Welt der Gebildeten aufgetan, hier wird das Lachen zum Thema der Philosophie gemacht, zum Gegenstand einer perfiden Theologie ... Du hast gestern gesehen, wie die ungebildeten Laien sich den schändlichsten Häresien verschreiben können und sie ins Werk setzen, da sie die Gesetze Gottes und der Natur verkennen. Aber die Kirche kann diese Häresien der Laien ertragen, denn die Laien verdammen sich selbst, zugrunde gerichtet von ihrer Unwissenheit. Das rohe Wüten eines Dolcino und seiner Spießgesellen wird niemals die Ordnung Gottes ins Wanken bringen. Das predigt Gewalt und stirbt durch Gewalt, das hinterläßt keine Spuren, das vergeht wie der Karneval, und es schadet nicht viel, wenn sich kurzzeitig während des Festes auf Erden die Epiphanie der verkehrten Welt ereignet. Es genügt, daß die Pose sich nicht zum Projekt verdichtet, daß diese Volkssprache kein Latein findet, das ihr verständigen Ausdruck verleiht. Das Lachen befreit den Bauern von seiner Angst vor dem Teufel, denn auf dem Fest der Narren erscheint auch der Teufel närrisch und dumm, mithin kontrollierbar. Doch dieses Buch könnte lehren, daß die Befreiung von der Angst vor dem Teufel eine Wissenschaft ist! Der lachende Bauer, dem der Wein durch die Gurgel fließt, fühlt sich als Herr, denn er hat die Herrschaftsverhältnisse umgestürzt. Doch dieses Buch könnte die Wissenden lehren, mit welchen Kunstgriffen, mit welchen schlagfertigen und von diesem Moment an auch geistreichen Argumenten sich der Umsturz rechtfertigen ließe! Und dann würde sich in ein Werk des Verstandes verwandeln, was in der unüberlegten Pose des Bauern einstweilen noch und zum Glück nur ein Werk des Bauches ist. Gewiß ist das Lachen dem Menschen eigentümlich, es ist das Zeichen unserer Beschränktheit als Sünder.

Sacramentarium Gelasianum. Titelbild und Anfangsworte, Frankreich, Mitte des 8. Jh.

Aus diesem Buch aber könnten verderbte Köpfe wie deiner den äußersten Schluß ziehen, daß im Lachen die höchste Vollendung des Menschen liege! Das Lachen vertreibt dem Bauern für ein paar Momente die Angst. Doch das Gesetz verschafft sich Geltung mit Hilfe der Angst, deren wahrer Name Gottesfurcht ist. Und aus diesem Buch könnte leicht der luziferische Funke aufspringen, der die ganze Welt in einen neuen Brand stecken würde, und dann würde das Lachen zu einer neuen Kunst, die selbst dem Prometheus noch unbekannt war: zur Kunst der Vernichtung von Angst! Der lachende Bauer fürchtet sich nicht vor dem Tod, solange er lacht, doch sobald die Ausschweifung vorüber ist, auferlegt ihm die Liturgie wieder nach dem göttlichen Plan die Angst vor dem Tod. Aus diesem Buch aber könnte das neue und destruktive Trachten nach Überwindung des Todes durch Befreiung von Angst entstehen. Und was wären wir sündigen Kreaturen dann ohne die Angst, diese vielleicht wohltätigste und gnädigste aller Gaben Gottes? Jahrhundertelang haben die Patres und Doctores duftende Essenzen heiligen Wissens abgesondert, um durch Meditation über das Hohe die Menschen aus der Not und Versuchung des Niederen zu erlösen. Dieses Buch aber, das die

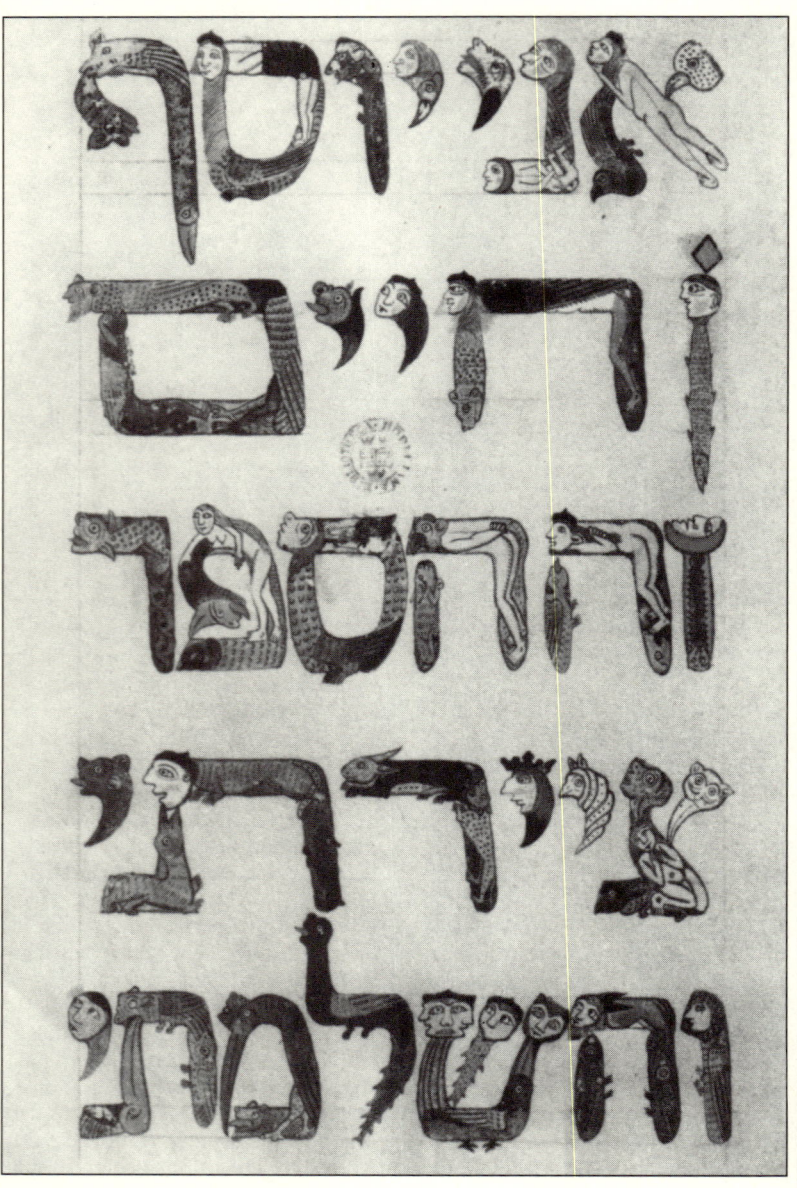

Komödien und Satyrspiele und Mimen rechtfertigt als wundertätige Heilmittel, die angeblich eine Reinigung von den Leidenschaften bewirken durch Darstellung eben der Mängel und Laster und Schwächen, dieses Buch würde die falschen Gelehrten dazu verführen, in teuflischer Umkehrung des Verfahrens eine Erlösung des Hohen durch Akzeptierung des Niederen zu versuchen. Aus diesem Buch ließe sich der Gedanke ableiten, daß der Mensch auf Erden (wie es dein Bacon von der *magia naturalis* erhoffte) den Überfluß des Schlaraffenlandes genießen könnte. Genau das aber ist es, was wir nicht anstreben dürfen und niemals bekommen werden! Sieh, wie die jungen Mönche sich schamlos ergötzen an der albernen Farce der *Coena Cypriani*. Welch eine teuflische Parodie auf die Heilige Schrift! Aber sie wissen immerhin noch, daß ihr Tun schlecht ist. Am selben Tage jedoch, da die Worte des *Philosophen* derlei marginale Spielchen der ausschweifenden Phantasie rechtfertigen würden, wahrlich, ich sage dir, am selben Tage würde das Marginale ins Zentrum springen, und die Mitte wäre verloren! Das Volk Gottes würde zu einer Versammlung von Monstern, ausgespien aus den Schlünden der Terra incognita, und die Ränder des Erdkreises würden zur Mitte des christlichen Reiches – die Arimaspen auf dem Stuhl Petri, die Blemmyen in den Klöstern und die trommelbäuchigen Zwerge mit Wasserköpfen als Hüter der Bibliotheken! Die Knechte würden das Gesetz diktieren, und wir (jawohl, auch du!) müßten blind gehorchen in totaler Gesetzlosigkeit! Einst sagte ein griechischer Philosoph (den dein Aristoteles hier zitiert als Komplizen und lügnerische Auctoritas), man müsse die Ernsthaftigkeit der Gegner durch Lachen zersetzen und dem Lachen mit Ernst begegnen. Wohlan, die Weisheit unserer Väter hat ihre Wahl getroffen: Wenn das Lachen die Kurzweil des niederen Volkes ist, so muß die Freiheit des niederen Volkes in engen Grenzen gehalten, muß erniedrigt und eingeschüchtert werden durch Ernst. Denn das Volk besitzt keine Mittel, um sein Lachen zu verfeinern und es zur scharfen Waffe zu schmieden gegen den Ernst der Hirten, die es zum ewigen Leben führen sollen und daher bewahren müssen vor den Verlockungen des Bauches, der Scham, der Tafelfreuden und all seiner schmutzigen Begierden. Würde jedoch eines Tages jemand, die Worte des *Philosophen* schwenkend und folglich selbst auftretend als Philosoph, die Kunst des Lachens zur schneidenden Waffe schmieden, würde alsdann die Rhetorik des Überzeugens ersetzt durch eine Rhetorik des Spottens, würde die Topik des geduldigen Aufbauens und Zusammenfügens von Heilsbildern der Erlösung verdrängt durch ein Topik des ungeduldigen Niederreißens und Auf-den-Kopf-Stellens aller heiligsten und verehrungswürdigsten Bilder, oh, wahrlich, ich sage dir, dann würdest auch du, William von Baskerville, mitsamt deiner ganzen Weisheit in den Strudel gerissen!"

Umberto Eco:
„Der Name der Rose"

Prachthandschrift von heiligen Texten.

*Zur Barockzeit beginnt man, sich nicht nur über die
Wirkung und das Wesen der Schrift Gedanken zu machen,
sondern nutzt auch das Schriftbild selbst – sei es, um eine
Aussage „bildhafter" zu gestalten und sie damit zu unter-
streichen (hier am Beispiel Rudolf Karl Gellers), ...*

Jesus / der ein Nazarener /
Judenkönig/Weltversohner.

Die Dornenstachel'Krone
Wird Christus aufgesetzt
Zu bitterm Spott uñ Hone/
Die ihm sein Haubt verletzt.

Es ist der Arme bandmordgrimmiglich zerzerret /
Dem Leben ist der Weg zum Lebenweg ver/sperret /
Die marmelweisse Brust mit einẽ Speer durchstochen/
Dadurch man sehen kan sein Bruderhertze pochen.

Der Leichnam blutet/
Mit Blut beflutet /
Die Knie gebogen /
Sind ausgesogen /
Die Beine sinken /
Dem Tode winken /
Die vormals eilten /
Die Beine heilten /
Gestälte   Spitzen
Die Füsse ritzen.
Herr Klaj fält nieder
Besingt die Glieder/
Die vor ihm tragen
Der SündenPlagen.
In jenem Leben
Wird ihm zu Lohne
Der Heiland geben
Die   Lebenskrone.
Er wird Gott loben
Nach dem Elende
Im Himmel oben
Ohn alles

ENDE.

Rudolf Karl Geller

... sei es, daß man einzelne Wörter in ihre Bestandteile zerlegt und daraus Sinngedichte macht. Das tut z. B. Friedrich von Logau (1604 – 1655) in seinem 1654 verfaßten Gedicht „Deß Krieges Buchstaben".

Deß Krieges Buchstaben.

*K*ummer / der das Marck verzehret /
*R*aub / der Hab vnd Gut verheret /
*J*ammer / der den Sinn verkehret /
*E*lend / das den Leib beschweret /
*G*rausamkeit / die unrecht kehret /
Sind die Frucht die *Krieg* gewehret.

Friedrich von Logau

Victor Hugo.

Auch Literaten und Dichter späterer Zeiten widmen dem einzelnen Buchstaben und dem Schriftbild große Aufmerksamkeit. So beschäftigt sich der französische Schriftsteller Victor Hugo (1802 – 1885) in seinen „Carnets de Voyage" mit den Buchstaben des lateinischen Alphabets. Als Beispiel seien an dieser Stelle seine Gedanken zum Y aufgegriffen.

Haben Sie bemerkt, welch bildhafter Buchstabe das Y ist und daß es zahllose Bedeutungen hat?

Der Baum ist ein Y. Zwei zusammenführende Wege bilden ein Y. Der Zusammenfluß von zwei Bächen ist ein Y. Ein Eselskopf oder ein Ochsenkopf ist ein Y. Ein Glas auf seinem Fuß ist ein Y. Eine Lilie auf ihrem Stengel ist ein Y. Ein Bettler, der die Hände zum Himmel streckt, ist ein Y.

Überdies kann man diese Beobachtung auf alles übertragen, was grundlegend die menschliche Schrift ausmacht. Alles, was in der demotischen Schrift existiert, wurde von der hieratischen Schrift eingebracht. Die Hieroglyphe ist die notwendige Wurzel des Buchstabens. Alle Buchstaben waren einst Zeichen, und alle Zeichen waren zuvor Bilder.

Die ganze menschliche Gesellschaft, die Welt, der ganze Mensch ist sein Alphabet. Die Architektur, die Astronomie, die Philosophie – alle Wissenschaft nimmt von da ihren Ausgang, unmerklich, aber wirklich. Und das muß so sein. Das Alphabet ist eine Quelle.

Victor Hugo:
„Carnets de Voyage"

Der Symbolist Arthur Rimbaud (1854 – 1891) setzt die Idee Hugos in seinem Gedicht „Selbst-Laute" noch fort. Er stellt seine Assoziationen zum Klang und zum Aussehen der Vokale in diesem Gedicht zusammen.

Selbst=Laute

A schwarz, E weiß, I rot, U grün, O Blau: Selbst=Laute:
ich will bei zeiten eure geheimen Ur=Sprünge sprechen:

A zottig=schwarzes Korsett aufglänzender Fliegen
die Pestflat=Greuel umbrumsen
Schatten=Sunde

E Zelte & Dämpfe kristallin
Lanzen stolzer Gletscher blanke Monarchen
Schüttelfrost der Dolden

I purpur Blutsturz Wiehern holder Lippen im
Zorn oder penitenter Trunkenheit

U Zyklen göttliches Vibrato virider Meere
Friede beviehter Fluren Friede der Furchen
von der All=Chimie in große forschende
Stirnen gedrückt

O Äußerstes Klar=Horn voll fremdem Schrillen
Stillen durchkreuzt von Monden & Engeln:
—O du Omega violettes Licht=Rad ihrer
KrYpton=IRIS!

Arthur Rimbaud

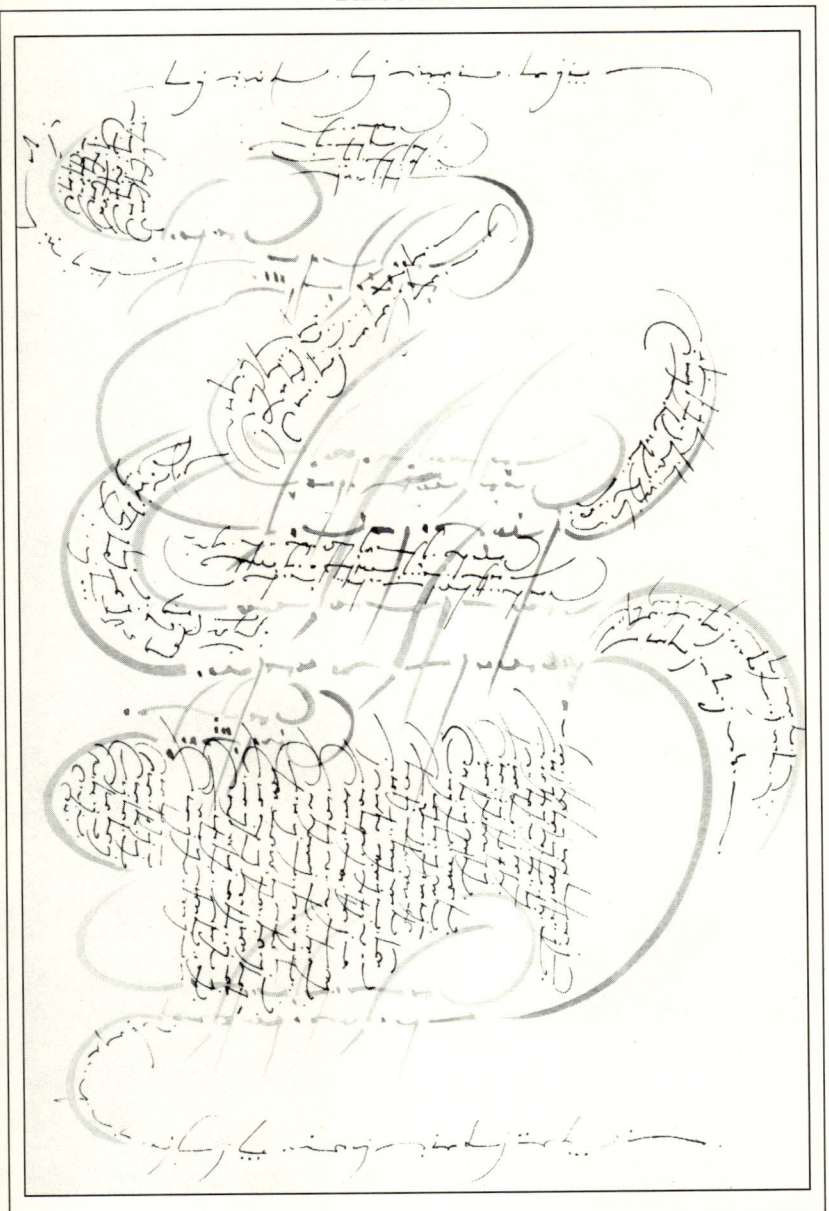

Im 20. Jahrhundert ist es vor allem die Konkrete Poesie, die diese Tradition des 19. Jahrhunderts aufgreift und weiterführt. So auch Konrad Balder Schäuffelen, der Text und Aussage durch das Schriftbild noch enger zu verknüpfen sucht.

da kannten die soldaten kein pardon mehr!
einer Stadt sitzt die Angst im Nacken

1. die einwohner trauen sich nicht auf die **STRASSE**

2. die einwohner z i t t e r n

3. die rockers schlagen jeden zusammen

4. die soldaten gehen nur **gru**
ppe
nwe
i s e
aus

5. die einwohner greifen zur
G   H E I L
E   I
I
S E L B S T
F   O
H A U E   T

6. kampf bis aufs **M e s s s s s s s s**
(e oben, r unten)

7. runter mit den langen H
a a a a
a a a
r r r r
e e e e
n n n n n

8. die zeitung he**TZ**t auf

9. das lange haar muß **dr a** n
g
l
a
u
b
e
n

Konrad Balder Schäuffelen

*Ernst Jandl (*1930) spielt ebenfalls mit Schriftbild und
Klang, auch wenn die einzelnen Elemente bei ihm nicht in
derselben Offensichtlichkeit bedeutungsvoll und interpretier-
bar sind wie bei Schäuffelen. Bei Jandl steht im Umgang mit
Sprache und Schrift das Element des Spiels wesentlich mehr
im Vordergrund.*

die tassen

bette stellen sie die tassen auf den tesch
                              perdon
    stellen sie die tassen auf den tesch
                              perdon
        die tassen auf den tesch
                              perdon
            auf den tesch
                              perdon

nöhmen
nöhmen
nöhmen sö söch
nöhmen sö söch eune
nöhmen sö söch eune tass
                eune tass
                      donke
                      donke

eun stöck zöcker
zwei stöck zöcker
dreu stöck zöcker
                donke
                zörka zweu stöck
                zöcker

follen
follen
hünuntergefollen
                auf dön töppüch
                          neun
                          nur dör hönker üst wög
                pördon
bötte bötte

                                  Ernst Jandl

Dieses spielerische Element treiben Ernest Hemingway (1899 – 1961) und Christian Morgenstern (1871 – 1914) noch weiter als Jandl, bis ins „sinnlose" Extrem. So nimmt Hemingway anläßlich einer Schulaufgabe über den Blankvers den Begriff „Blankvers" wörtlich (engl. blank = leer) und verfaßt folgendes Gedicht:

[Blank Verse]

«   »
    !   :   ,   .
               ,   ,
 ,   ;   !
          ,

Ernest Hemingway

Fisches Nachtgesang   Fish's Nightsong

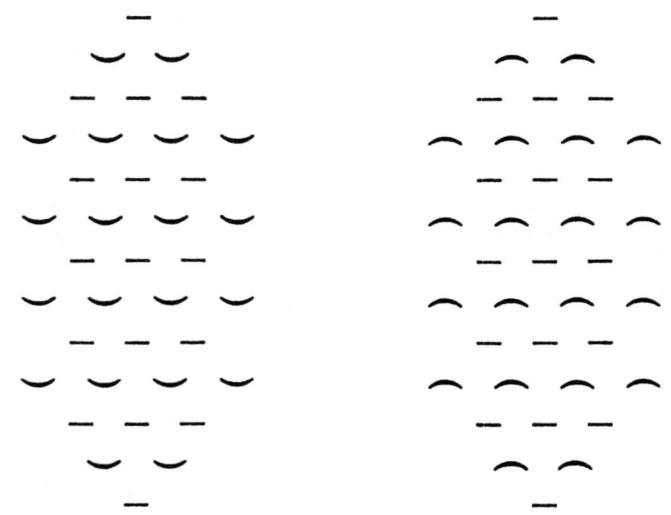

Christian Morgenstern

The B was badly Bitten.

Aus: Chris Van Allsburg: „The Z was Zapped"

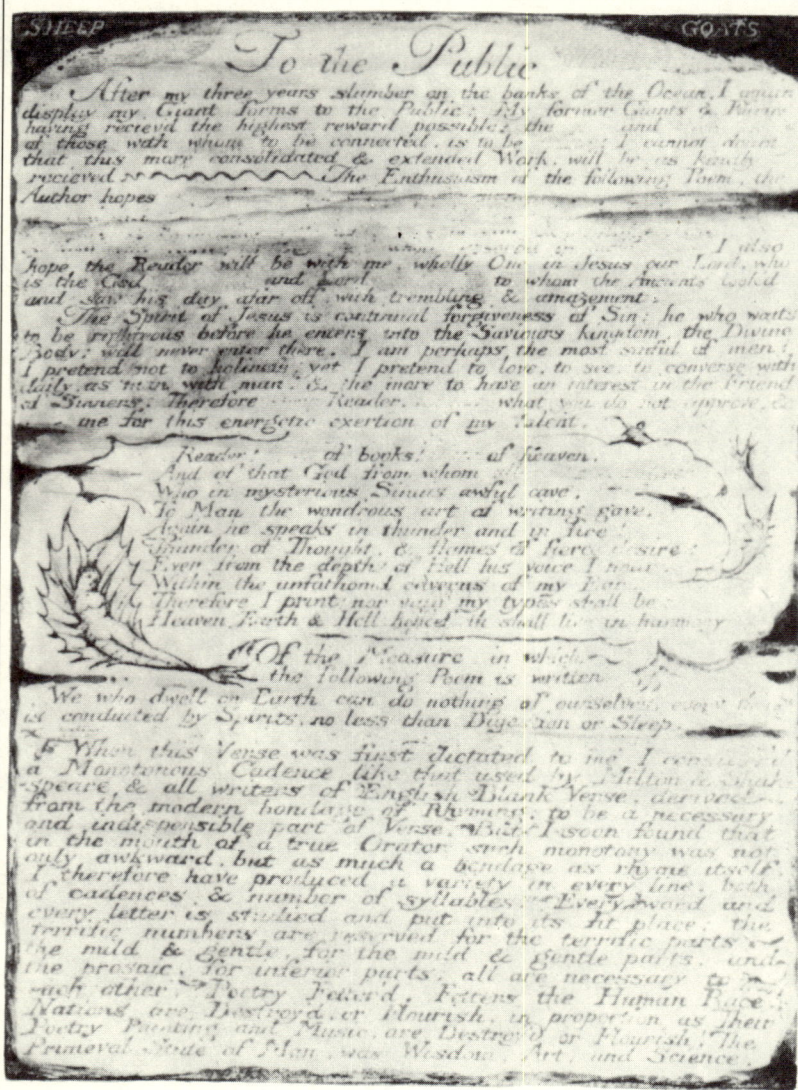

Illustriertes Vorwort zu „Jerusalem" von
William Blake.

Ganz anders als in den beiden eben zitierten Fällen führt Jean-Paul Sartre (1905 – 1980) in seinem autobiographischen Werk „Die Wörter" das Schreiben – zumindest das literarische Schreiben – ad absurdum. Auf selten humorvoll-ironische Weise berichtet er von seinen ersten Gehversuchen im Umgang mit der (selbstverfaßten) Literatur.

Schreiben

Charles Schweitzer hatte sich niemals für einen Schriftsteller gehalten, aber die französische Sprache begeisterte ihn noch im Alter von siebzig Jahren, denn er hatte sie mühsam erlernt, war nicht in sie hineingewachsen: er spielte mit ihr, hatte Freude an Bonmots und liebte es, sie vorbildlich auszusprechen, wobei seine unerbittliche Aussprache einem keine Silbe schenkte; wenn er Zeit hatte, ordnete seine Feder die Bonmots bukettweise an. Die Familien- und Universitätsereignisse behandelte er gern in Gelegenheitsversen: Glückwünsche zum neuen Jahr, Geburtstagsgratulationen, gereimte Festreden bei Hochzeitsessen, Versreden zu Festtagen, Singspiele in Versen, Scharaden, Gedichtchen mit festgelegten Endreimen, harmlose Banalitäten; bei Kongressen fand er Vergnügen daran, aus dem Stegreif deutsche und französische Vierzeiler zu sprechen.

Als der Sommer begonnen hatte, reisten wir, die beiden Frauen und ich, nach Arcachon, noch ehe mein Großvater seine Kurse im Institut beendet hatte. Er schrieb uns dreimal wöchentlich: zwei Seiten für Louise, eine Nachschrift für Anne-Marie, für mich einen ganzen Brief in Versen;

damit ich mein Glück besser genießen konnte, brachte mir meine Mutter die Regeln der Verslehre bei. Irgend jemand überraschte mich dabei, wie ich eine Antwort in Versen kritzelte, man drängte mich, weiterzuschreiben, und half mir dabei. Als die beiden Frauen den Brief abschickten, lachten sie Tränen bei dem Gedanken an die Verblüffung des Empfängers. Postwendend empfing ich ein Ruhmesgedicht zu meinen Ehren; ich antwortete wiederum mit einem Gedicht. Das wurde zur Gewohnheit; Großvater und Enkel hatten sich durch ein neues Band vereinigt; sie sprachen miteinander wie die Indianer, wie die Zuhälter von Montmartre, in einer Sprache, die den Frauen untersagt war. Man schenkte mir ein Reimlexikon, ich machte mich zum Verseschmied und schrieb Madrigale für Vévé, ein kleines blondes Mädchen, das seine Chaiselongue nicht mehr verlassen konnte und einige Jahre später starb. Dem kleinen Mädchen war das Wurst: sie war ein Engel. Aber die Bewunderung eines breiten Publikums tröstete mich über ihre Gleichgültigkeit hinweg. Ich habe einige dieser Gedichte wiedergefunden. Alle Kinder haben Genie, sagte Cocteau im Jahre 1955, außer *Minou Drouet*[1]. Im Jahre 1912 hatten alle Kinder Genie, außer mir. Ich schrieb aus Nachäfferei, aus Wichtigtuerei, weil ich den Erwachsenen spielen wollte. Vor allem schrieb ich, weil ich Charles Schweitzers Enkel war. Man gab mir die Fabeln von La Fontaine,

[1] *Minou Drouet war um das Jahr 1955 ein Wunderkind, dessen Geschichte in Frankreich viel Aufsehen erregte. (Anm. d. Übers.)*

sie mißfielen mir: der Verfasser reimte viel zu sorglos; ich beschloß, die Fabeln in Alexandrinern umzuschreiben. Das Unterfangen überstieg meine Kräfte, ich glaubte zu merken, daß man darüber lächelte. Dies war mein letztes poetisches Experiment.

Aber ich war in Fahrt; ich ging von den Versen zur Prosa über und hatte keinerlei Mühe, als Schreibender die aufregenden Abenteuer, die ich im „Cri-Cri" gelesen hatte, neu zu erfinden. Es war hohe Zeit, denn ich begann die Leere meiner Träume zu entdecken. Im Verlauf meiner phantastischen Ritte hatte ich die Wirklichkeit erreichen wollen. Wenn meine Mutter mich fragte, ohne von den Noten aufzublicken: „Poulou, was machst du?", kam es manchmal vor, daß ich mein Schweigegelöbnis brach, um ihr zu antworten: „Ich mache Kino." Tatsächlich versuchte ich, die Bilder aus meinem Kopf zu reißen und außerhalb meiner selbst zu verwirklichen, zwischen richtigen Möbeln und richtigen Wänden, ins Auge fallend und sichtbar, gleich jenen, die über die Filmleinwand rieselten. Umsonst. Es gelang mir nicht, meine doppelte Schwindelei zu vergessen: ich tat so, als sei ich ein Schauspieler, der so tut, als sei er ein Held.

Kaum hatte ich mit dem Schreiben angefangen, so legte ich die Feder aus der Hand, um zu jubilieren. Es war der gleiche Schwindel, aber ich habe bereits gesagt, daß ich die Wörter für die Quintessenz der Dinge hielt. Nichts verwirrte mich stärker, als wenn ich sah, wie meine Krähenfüße nach und nach ihren Irrlichtcharakter verloren, um sich in die trübe

Dichtigkeit einer Materie zu verwandeln. Es war die Verwirklichung des Eingebildeten. Weil sie in die Falle der Benennung gegangen waren, traten nun ein Löwe, ein Hauptmann des Zweiten Kaiserreichs, ein Beduine im Eßzimmer auf; sie waren dort für immer gefangen, weil sie mit Hilfe von Zeichen zu Körpern geworden waren; ich glaubte, meine Träume in der Welt dadurch verankert zu haben, daß ich mit einer Stahlfeder herumkratzte. Ich ließ mir ein Heft schenken und eine Flasche mit violetter Tinte und schrieb auf den Deckel: Romanheft. Das erste Heft, das ich vollschrieb, enthielt eine Geschichte mit dem Titel: „Für einen Schmetterling". Ein Gelehrter – nebst Tochter und einem jungen bärenstarken Forschungsreisenden – zog der Mündung des Amazonasstromes entgegen auf der Suche nach einem kostbaren Schmetterling. Die Fabel, die Personen, das Detail der Abenteuer, sogar den Titel hatte ich einer Erzählung in Bildern entlehnt, die vor einigen Monaten erschienen war. Dies bewußte Plagiat befreite mich von meinen letzten Sorgen: alles war notwendigerweise wahr, da ich nichts erfand. Ich hatte nicht den Ehrgeiz, veröffentlicht zu werden, sondern dafür gesorgt, bereits von vornherein gedruckt zu sein, und ich schrieb keine Zeile, die nicht sanktioniert war durch mein Modell. Hielt ich mich für einen Kopisten? Nein, sondern für einen Originalautor, denn ich retuschierte und verjüngte. Beispielsweise hatte ich sorgfältig darauf geachtet, die Namen der Personen abzuändern. Diese leichten Abweichungen berechtigten mich dazu, Gedächtnis

ALLER GLOCKEN HELLES TÖNEN   RÜHRT MICH AN GAR WUNDERBAR

FÜHL EIN STILLES MÄCHTGES SEHNEN   WEIL ALS KIND ICH GLÖCKNER WAR

JEDEN LICHTEN FRÜHEN MORGEN   STIEG ICH ZU DEM TURM HINAUF

TEM

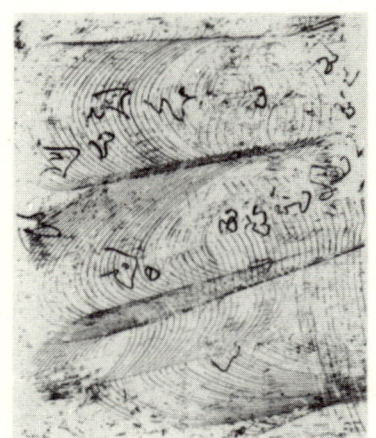

Radierung von Max Ernst.

und Einbildungskraft miteinander zu verschmelzen; da die Sätze neu waren und vollständig ausgeschrieben, formten sie sich in meinem Kopf auch neu mit der unerbittlichen Sicherheit, die man für einen Ausdruck der Inspiration zu halten pflegt. Ich schrieb sie um: unter meinen Augen nahmen sie die Dichtigkeit der Dinge an. Wenn ein inspirierter Autor, wie man herkömmlicherweise zu glauben pflegt, im tiefsten Innern ein anderer ist als er selbst, so habe ich zwischen sieben und acht Jahren die Inspiration kennengelernt.

Ich fiel niemals vollständig auf diese „automatische Schreibweise" herein. Aber das Spiel gefiel mir um seiner selbst willen. Ich war ein Einzelkind, und hier konnte ich allein spielen. Augenblicksweise zögerte meine Hand beim Schreiben, ich tat so, als ob ich zögerte, um mit gefurchter Stirn und dem Blick eines Besessenen zu fühlen, wie das war: ein Schriftsteller sein. Plagiate liebte ich übrigens heiß, und zwar aus Snobismus. Und ich trieb sie bewußt bis zur äußersten Grenze, wie man noch sehen wird.

Boussenard und Jules Verne lassen keine Gelegenheit vorübergehen, den Leser zu belehren. In den kritischsten Augenblicken schneiden sie den Faden der Erzählung ab, um ausführlich eine Giftpflanze oder eine Eingeborenensiedlung zu beschreiben. Als Leser überschlug ich diese didaktischen Abschnitte; als Autor häufte ich sie in meinen Romanen. Ich erhob den Anspruch, meinen Zeitgenossen alles beizubringen, was ich nicht wußte: Sitten und Gebräuche der Bewohner von Feuerland, die Pflanzenwelt Afrikas, das Wüstenklima. Ein Schicksalsschlag hatte den Schmetterlingssammler und seine Tochter voneinander getrennt, ahnungslos hatten sie sich auf demselben Dampfer eingeschifft und waren Opfer desselben Schiffbruchs geworden, sie klammerten sich an dieselbe Boje, schauten auf und schrien: „Daisy!" – „Papa!" Aber ach, ein Haifisch schwamm umher auf der Suche nach frischem Fleisch, kam näher, und sein Bauch leuchtete zwischen den Wogen. Würden die Unglücklichen dem Tode entgehen? Ich holte mir den Band „Pr–Z" des *Großen Larousse*[2]; trug ihn mühsam zu meinem Pult, öffnete ihn an der richtigen Stelle und kopierte wörtlich Zeile für Zeile: „Haifische treten häufig auf im tropischen Teil des Atlantik. Diese großen und sehr gefräßigen Seefische werden bis zu dreizehn Meter lang und wiegen bis zu acht Tonnen..." Ich nahm mir ausgiebig Zeit, den ganzen Artikel abzuschreiben, und fühlte mich dabei ganz entzückend langweilig und ebenso vornehm wie Boussenard; da ich noch kein Mittel gefunden hatte, meine Helden zu erretten, kochte ich langsam im Zustand einer köstlichen Trance.

Alles trug dazu bei, diese neue Tätigkeit auch nur wieder zu einer Afferei zu machen. Meine Mutter sparte nicht mit Ermunterungen und lockte die Besucher ins Eßzimmer, damit sie sehen konnten, was der junge Schöpfer an seinem Kinderpult trieb; ich tat so, als wäre ich viel zu beschäftigt, als daß ich die Gegenwart

---

[2] *Darin findet sich das Wort requin (Haifisch). (Anm. d. Übers.)*

meiner Bewunderer auch nur bemerkt hätte; auf den Zehenspitzen schlichen sie wieder hinaus und murmelten, ich sei doch zu reizend und es sei doch zu charmant. Mein Onkel Emile schenkte mir eine kleine Schreibmaschine, die ich nicht benutzte; Madame Picard kaufte mir eine Weltkarte, damit ich, ohne in Irrtümer zu geraten, den Reiseweg meiner Globetrotter festlegen konnte. Meinen zweiten Roman, „Der Bananenhändler", schrieb Anne-Marie auf Glanzpapier ab und gab ihn zum Lesen weiter. Sogar Mami ermunterte mich und sagte: „Wenigstens ist er artig und macht keinen Lärm." Glücklicherweise wurde die amtliche Bestätigung vertagt, denn mein Großvater war unzufrieden.

Karl war nie mit dem einverstanden gewesen, was er meine „schlechte Lektüre" nannte. Als meine Mutter ihm mitteilte, ich hätte zu schreiben begonnen, war er zunächst entzückt und erhoffte sich vermutlich eine Familienchronik mit pikanten Beobachtungen und reizenden Naivitäten. Er nahm mein Heft, blätterte darin, verzog das Gesicht und ging aus dem Eßzimmer, empört darüber, hier – von mir niedergeschrieben – die gleichen „Dummheiten" wiederzufinden wie in meinen Lieblingszeitungen. In der Folge verlor er das Interesse an meinem Schaffen. Meine Mutter war tödlich gekränkt und versuchte mehrfach, mit Hilfe von Überraschungen, ihn zum Lesen des „Bananenhändlers" zu bringen. Sie wartete, bis er die Pantoffeln angezogen und sich in seinen Sessel gesetzt hatte; während er sich schweigend, mit starrem und hartem Blick ausruhte, die Hände auf den Knien, griff sie nach meinem Manuskript, blätterte zerstreut darin und begann dann, plötzlich gefesselt, ganz allein zu lachen. Schließlich konnte sie nicht weiter vor Lachen, streckte meinem Großvater das Heft hin und sagte: „Lies doch, Papa! Es ist zu komisch." Aber er wies das Heft von sich; wenn er einen Augenblick hineinschaute, so nur, um übelgelaunt meine Rechtschreibungsfehler festzustellen. Schließlich wurde meine Mutter eingeschüchtert. Sie wagte nicht, mich zu loben, wollte mich aber auch nicht kränken; also hörte sie auf, meine Schriften zu lesen, um nicht mehr mit mir darüber reden zu müssen.

Meine literarische Tätigkeit wurde also nur widerwillig geduldet, mit Stillschweigen übergangen und geriet in eine halbe Illegalität. Trotzdem setzte ich sie mit Ausdauer fort: in den Schulpausen, donnerstags und sonntags, in den Ferien und, wenn ich glücklicherweise krank war, in meinem Bett. Ich erinnere mich an glückliche Genesungen und an ein schwarzes Heft mit rotem Schnitt, das ich an mich nahm und wieder weglegte wie eine Handarbeit. Ich machte weniger Kino, denn meine Romane ersetzten mir alles. Kurzum, ich schrieb zu meinem Vergnügen.

Jean-Paul Sartre:
„Die Wörter"

Glossar

Angoulême-Papier: Bezeichnung für eine besondere Art von Papier, das aus der westfranzösischen Stadt Angoulême stammt. Auch heute gibt es in Angoulême noch eine große Papierindustrie.

Diakritische Zeichen: Diakritische Zeichen dienen zur Unterscheidung von geschriebenen Zeichen, besonders von Buchstaben in Alphabetschriften und von Lautsymbolen in Lautschriften. Sie können – z. B. im Arabischen – Vokalzeichen, Dopplungszeichen etc. sein.

Druckwerk: Der Teil der Druckmaschine, der mit Hilfe von Druckplatte und Farbe das Bild auf Papier bringt. Eine Druckmaschine hat pro gedruckte Farbe je ein eigenes Druckwerk.

Formschneider: Im Mittelalter schnitt der Formschneider Zeichnungen und Texte so in einen Holzklotz ein, daß nur die Teile erhaben blieben, die drucken sollten.

Goldener Schnitt (= stetige Teilung): Dieser Begriff bezeichnet die Teilung einer Strecke, wobei sich die ganze Strecke a zum größeren Teil b so verhält wie der größere Teil b zum kleineren (a–b), also a : b = b : (a–b). Dieses Prinzip hatte große Bedeutung in Kunst und Ästhetik.

Grundstriche: In der Handschrift die Linien, die – wenn man mit einer Feder schreibt – fett erscheinen.

Gummiarabikum: Aus der Rinde verschiedener Akazienarten gewinnbares Pflanzenprodukt, das sich in Wasser zu einer klaren, klebrigen Flüssigkeit löst. Die Alten Ägypter gewannen Gummiarabikum aus dem Saft der Maulbeerfeige und verwendeten es als Klebstoff und zur Papierherstellung.

Haarstriche: In der Handschrift die Linien, die – wenn man mit einer Feder schreibt – dünn erscheinen; häufig auch Ligaturen, d. h. Striche, die zwei Buchstaben verbinden.

hieratisch (= priesterlich): Griechische Bezeichnung für die altägyptische Schreibschrift, die fast gleichzeitig mit den Hieroglyphen um 3000 v. Chr. entstand. Sie war lange Zeit die Verwaltungsschrift und wurde erst um 1000 v. Chr. zur Schrift, mit der nur religiöse Texte geschrieben wurden. Erst von da an trifft die Bezeichnung „hieratisch" zu.

Hochdruck: Ein Druckverfahren, bei dem alle druckenden Teile erhaben sind. Heute fast nur noch für Bibliophilie, teilweise (selten) noch im Zeitungsdruck verwendet.

Ideogramm (griech.): Schriftzeichen, die nicht eine bestimmte Lautfolge wiedergeben, sondern einen ganzen Begriff, z. B. in der Hieroglyphenschrift und in der chinesischen Schrift.

Initialen (lat.): Anfangsbuchstaben von Büchern, Kapiteln und Seiten, die sich durch besondere Gestaltung in Größe, Farbe und Dekor auszeichnen. Diese Ausschmückung der Anfangsbuchstaben wurde besonders in der Buchkunst des Mittelalters gepflegt.

Kalligramm: In kunstvoller Schönschrift als Bild gestaltetes Wort oder kurzer Text.

Kalligraphie (griech.): Bezeichnung für die Kunst des Schönschreibens.

Kartusche: In der Ägyptologie: „Königsring" = länglicher Ring in Form eines an den Enden verknoteten Strickes, mit dem in altägyptischen Inschriften Königsnamen umgeben wurden.

Lithographie: Steindruck, Frühform des Flachdrucks.

Majuskel (lat.): Großbuchstabe des lateinischen Alphabets. Majuskelschriften bestehen aus gleich hohen Buchstaben ohne Ober- und Unterlängen wie z. B. die römische Capitalis.

mazerieren (lat.): Aufweichen pflanzlicher oder tierischer Gewebe bei längerem Kontakt mit Flüssigkeiten.

Minuskel (lat.): Bezeichnung für den Kleinbuchstaben des lateinischen Alphabets. Minuskeln haben im Gegensatz zu den Majuskeln Ober- und Unterlängen.

Offsetdruck (Flachdruck): Indirektes Druckverfahren, das auf der Abstoßung von Fett und Wasser beruht. Der Druck auf das Papier erfolgt über ein Gummituch.

Palimpsest (griech. = wiederabgeschabt): Schriftstück, von dem der ursprüngliche Text entfernt wurde, um das Material erneut beschreiben zu können. Bei Handschriften aus Papyrus wurde die Schrift abgewaschen, bei Manuskripten aus Pergament wurde sie abgeschabt. Diese Technik wurde bereits in der Antike angewendet, um die kostbaren und mit großem Aufwand hergestellten Materialien zu sparen.

Piktogramm (lat./griech.): Formelhaftes graphisches Bildsymbol, das unabhängig von der gesprochenen Sprache verständlich ist. Piktogramme werden z. B. als Warnzeichen und Wegweiser verwendet.

Phonogramm: Lautzeichen.

Phonem (griech.): Begriff aus der Sprachwissenschaft für die kleinste bedeutungsunterscheidende Lauteinheit.

Phonetik (griech.): Disziplin der Sprachwissenschaft, die sich hauptsächlich mit der Einstellung bzw. Bewegung des Sprechapparats zur Bildung von sprachlichen Lauten (Artikulation) sowie der rhythmischen Folge der Laute (Akzentuierung) befaßt.

Phonetisierung: Umsetzung von Schrift in Sprache.

Satzschiff: Satzgerät (Metallunterlage, die an drei Seiten einen etwa 1 cm hohen Anlagerand hat), auf dem die im Winkelhaken zusammengestellten Satzzeilen zu einer Kolumne oder zu einer kompletten Seite zusammengefügt werden.

Tiefdruck: Druckverfahren, bei dem die nichtdruckenden Teile gegenüber den druckenden erhaben sind. V. a. im Bereich der Zeitschrift verwendet (Massendrucksachen).

Winkelhaken: Satzhilfsmittel, das Handsetzer benutzten, um die Bleilettern Wort für Wort zu einer Zeile zusammenzustellen.

Die im Text erwähnten Schriften

Capitalis monumentalis (2. Jh. n. Chr.):

Capitalis quadrata (4. Jh. n. Chr.):

Capitalis rustica (5./6. Jh.):

Unziale (um 700):

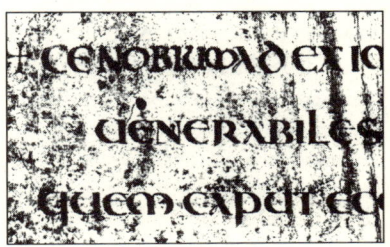

Halbunziale (vor 570):

Karolingische Minuskel (um 800):

Gotische Minuskel (1410):

Humanistische Minuskel (1488):

OEHORIS TVI SILVIHE:
quod ſtipulanti ſpoponderam tibi
penſiunculam percipe. Nam ſuperi
decem libriſ hac minuſ parte debita
nature perſoluo reddideram. Super
cultuſ hortorum ſegniſ ac neglecti
dam ueteribuſ agricoliſ: nunc uel

Jenson-Antiqua (1470):

huic Darius rex pſag ſicut ſupra dict
eius nuptias non optinuiſſet bellū int
ſeptigentis milibus hominū ſcythiā
facientibus hoſtibus pugnæ poteſtate
interrupto pôte iſtri reditus ſibi inter
ſis nonaginta milibus hominū trepid
iactura abūdante multitudine inter d

Original Garamond-Antiqua (1544):

A B C D E F G
H I L M N O P
Q Qu R S T V Y
X W Æ Œ a b c d
e f g h i j l m n o p q r
s ſ t u v x y z à á æ ã ct
ċ ë è ff fi fl í ò õ ô œ ſi
ſſ ſtu & 🐝

Didot-Antiqua (1786):

Cet art qui tous les jours multiplie avec grace
Et les vers de Virgile et les leçons d'Horace ;
Qui, plus sublime encor, plus noble en son emploi,
Donne un texte épuré des livres de la Loi,
Et, parmi nous de Dieu conservant les oracles,
Pour la religion fit ses premiers miracles ;
Des grands événements cet art conservateur,
Trop ingrat seulement envers son inventeur,
N'a pas su nous transmettre avec pleine assurance
Le génie etonnant qui lui donna naissance.

Bodoni-Antiqua (18. Jh.):

quali operi con attività
irresistibile, apparecchiar
quasi insensibilmente uno
za, che finalmente conduce
Quindi una serie pressoché

Kleine Auswahl der weiterführenden Literatur:

Assmann, Aleida von / Jan-Hermeier, Christof: Schrift und Gedächtnis. Beiträge zur Archäologie der literarischen Kommunikation. München 1983

Barthel, Gustav: Konnte Adam schreiben? Weltgeschichte der Schrift. Hrsg. Karl Cutbrod. Köln 1972

Buchholz, Erich: Schriftgeschichte als Kulturgeschichte. Bellnhausen 1965

Doede, Werner: Die deutschen Schreibmeister von Neudörffer bis 1800. Hamburg 1958

Faulmann, Carl: Illustrierte Geschichte der Schrift. Entstehung der Schrift, der Sprache und der Zahlen sowie der Schriftsysteme aller Völker der Erde. Reprint der Ausgabe Wien 1880. Augsburg 1990

Földes-Pappes, Károly: Vom Felsbild zum Alphabet. Stuttgart 1966

Friedrich, Johannes: Geschichte der Schrift. Unter besonderer Berücksichtigung ihrer geistigen Entwicklung. Heidelberg 1966

Gelb, I. J.: Von der Keilschrift zum Alphabet. Stuttgart 1958

Günther, Klaus B./Günther, Hartmut: Schrift, Schreiben, Schriftlichkeit. Arbeiten zur Struktur, Funktion und Entwicklung schriftlicher Sprache. Tübingen 1983

Haarmann, Harald: Universalgeschichte der Schrift. Frankfurt/M. 1990

Hussmann, Heinrich: Über die Schrift. Geschichte der Schriftentwicklung in Bildern. Hürtgenwald 1977

Jensen, H.: Die Schrift in Vergangenheit und Gegenwart. 2. Auflage, Berlin 1958

Kuckenburg, Martin: Die Entstehung von Sprache und Schrift. Köln 1989

Schmitt, Alfred: Entstehung und Entwicklung von Schriften. Hrsg. Claus Haebler. Köln 1980

Schott, S.: Hieroglyphen. Untersuchungen zum Ursprung der Schrift. Wiesbaden 1951

Sethe, K.: Vom Bilde zum Buchstaben. Die Entstehungsgeschichte der Schrift. Leipzig 1939

Verwendete Literatur

Massin: Der Buchstabe und das Bild. Übersetzung: Traudl May. © 1991 Ravensburger Buchverlag Otto Maier GmbH

D. Riout/D. Gurdjian/J.-P. Leroux: Le livre du Graffiti. Übersetzung: Traudl May. © 1991 Ravensburger Buchverlag Otto Maier GmbH

Peter May: Das Erlernen des Schreibens. © beim Autor

Hartmut Schmökel: Funde im Zweistromland. © 1963 Verlag Muster-Schmidt, Göttingen

Hellmut Brunner: Schrift und Unterrichtsmethoden im Alten Ägypten, aus: Erziehungs- und Unterrichtsmethoden im historischen Wandel, von Kriss-Rettenbeck und Max Liedtke. © 1986 Julius Klinkhardt Verlagsbuchhandlung, Bad Heilbrunn

Martin P. Nilsson: Die hellenistische Schule. © 1988 Verlag C. H. Beck, München

Alfons Rösger: Der gebildete Kaiser, aus: Erziehungs- und Unterrichtsmethoden im historischen Wandel, von Kriss-Rettenbeck und Max Liedtke. © 1986 Julius Klinkhardt Verlagsbuchhandlung, Bad Heilbrunn

Otto Meyer: Der Privatlehrer des frühen Mittelalters, aus: Schulgeschichte im Zusammenhang der Kulturgeschichte, hrsg. von Kriss-Rettenbeck und Max Liedtke. © 1983 Julius Klinkhardt Verlagsbuchhandlung, Bad Heilbrunn

Alfred Fickel: Die Entwicklung des städtischen Lehrerstandes von den Anfängen bis zum Beginn des 19. Jahrhunderts, illustriert an den Schulverhältnissen im Mühldorf am Inn, aus: Schreiber – Magister – Lehrer, hrsg. von Hohenzollern und Max Liedtke. © 1989 Julius Klinkhardt Verlagsbuchhandlung, Bad Heilbrunn

Georges Ifrah: Universalgeschichte der Zahlen. © 1986 Campus Verlag, Frankfurt am Main

Peter May: ohne Titel. © beim Autor

Karl Menninger: Zahlwort und Ziffer. Eine Kulturgeschichte der Zahl. © Vandenhoeck & Ruprecht Verlagsbuchhandlung, Göttingen

Matthias Henke, Schrift und Musik. © beim Autor

Nikolaus Harnoncourt: Musik als Klangrede. © 1982 Residenz Verlag, Salzburg und Wien

Papyrus IV aus der Bibliothek Chester Beatty. Übersetzung: Traudl May. © 1991 Ravensburger Buchverlag Otto Maier GmbH

Rudyard Kipling: Wie das Alphabet entstanden ist, aus: Geschichten für den allerliebsten Liebling. Übersetzung: Irmela Brender. © 1987 Cecilie Dressler Verlag, Hamburg

Umberto Eco: Der Name der Rose. Übersetzung: Burkhart Kroeber. © 1982 Carl Hanser Verlag, München/Wien

Rudolf Karl Geller: Jesus / der ein Nazarener

Friedrich von Logau: Deß Krieges Buchstaben

Victor Hugo: Carnets de Voyage. Übersetzung: Traudl May. © Ravensburger Buchverlag Otto Maier GmbH

Arthur Rimbaud: Selbst = Laute, aus: Das poetische Werk (Gesamtausgabe) Band 2. © 1979 Matthes & Seitz Verlag, München

Konrad Balder Schäuffelen, aus: Text und Kritik Heft 30, Konkrete Poesie II. © 1971 Edition Text und Kritik, München

Ernst Jandl: Die Tassen (aus: Laut und Luise), aus: Gesammelte Werke in drei Bänden. © 1985 Luchterhand Literaturverlag, Frankfurt am Main

Ernest Hemingway: Blank Verse aus: Sämtliche Gedichte. Übersetzung: Else und Hans Bestian. © 1986 Schwiftinger Galerie-Verlag

Christian Morgenstern: Fisches Nachtgesang und Fish's Nightsong. Frankfurt 1913

Jean-Paul Sartre: Schreiben (Auszug), aus: Die Wörter. © 1965 Rowohlt Verlag GmbH, Reinbek

Bildnachweis

Umschlag
– „Der Pinsel", chinesisches Schriftzeichen. Kalligraphie von Ru-Xiao-Fan, 20. Jh. Paris, Gallimard.
– „Buch-Hausierer". Holzschnitt, 16. Jh. Paris, Musée Carnavalet.
– Detail einer Bildtafel aus „Art d'écrire" (Schreibkunst) in der „Encyclopédie" von Diderot und d'Alembert. Paris, Gallimard.
– Umschlag eines maghrebinischen Korans. Kufische Schrift. Foto. Ebd.
– Hieroglyphische Kartusche in „Voyage en Egypte" von J. F. Champollion. Foto. Ebd.

– Zeichen von Albrecht Dürer.
– Signatur von Goya und Paul Klee. Paris, Gallimard. Buchrücken: „Le Roman de la Rose" („Der Rosenroman") von Guillaume de Lorris und Jean de Meung. Französisches Manuskript, 15. Jh. Paris, Bibliothèque nationale.
Rückseite: „Gerson der Schreiber", Imitation von J.-C. Französisches Manuskript, 15. Jh. Paris, Bibliothèque nationale.

Bildvorspann
1–7 Miniaturen aus den „Chroniques" von Jean Froissart. Französisches Manuskript, 15. Jh. Paris, Bibliothèque nationale.

Erstes Kapitel
9 Initiale A. Mittelalterliches Manuskript. Paris, Gallimard.
10 Felszeichnung in der Höhle von Altamira, Spanien. Foto: © Cosmopress Genève ADAGP Paris couv. Dagli Orti.
11 Safaitische Inschrift auf Basalt, 4. Jh. Amman, Jordanien. Foto: © Cosmopress Genève ADAGP Paris couv. Dagli Orti.
12/13 Rechensteine aus der neolithischen Epoche, Susa. Paris, Louvre. Foto: Réunion des Musées nationaux, Paris.
13 (oben) Tafel von Uruk (heute Warka), einer altsumerischen Stadt im Südosten des Iraks, 4. Jahrtausend, Mesopotamien. Bagdad, Museum Iraq. Foto: © Cosmopress Genève ADAGP Paris couv. Dagli Orti.
14 Schema der Entwicklung der keilförmigen Zeichen. Paris, Gallimard.
15 Sumerische Tafel aus der Provinz Tello in Mesopotamien, um 2360 v. Chr. Paris, Louvre. Foto: © Cosmopress Genève ADAGP Paris couv. Dagli Orti.
16 Tafel mit Bilderschrift aus Sumer. Paris, Louvre. Foto: Réunion des Musées nationaux, Paris.
16/17 Weihegeschenk, Hund aus Sumer. Ilu Tello 1900 v. Chr. Ebd.
17 Keilförmige Piktogramme. Paris, Gallimard.
18 (links) Gudea mit sprudelnder Vase. Lagasch, neusumerische Epoche. Paris, Louvre. Foto: Réunion des Musées nationaux, Paris.
18 (rechts) Schema der Entwicklung der sumerischen Zeichen. Paris, Gallimard.
19 Kudurru (= Grenzstein) von Marduk (Name eines Königs), Babylon, 9. Jh. v. Chr. Ebd.
20 Relief der Dorfschreiber von Musasir. Paris, Louvre. Foto: Josse.
21 Zeichnung des Reliefs der Dorfschreiber von Musasir. Ebd.
22 Silberplatte von Darius I. aus der achämenidischen Periode. Teheran, Archäologisches Museum. Foto: © Cosmopress Genève ADAGP Paris couv. Dagli Orti.
23 Inschrift in hieroglyphischen Buchstaben. Ankara, Hethitisches Museum. Foto: © Cosmopress Genève ADAGP Paris couv. Dagli Orti.

Zweites Kapitel
24 Stele des Harfenspielers Djed-Khonsu-Luf-Anich. Holzmalerei aus dem Ägypten der Spätzeit. Paris, Louvre. Foto: Réunion des Musées nationaux, Paris.
25 Statuette mit Mann und Affe, aus der Zeit Amenophis' III., um 1400 v. Chr. (Ende der 18. Dynastie). Ebd.
26 Grab von Ramses IX. Titel-Kartusche von Ramses IX., König von Ober- und Unterägypten. Theben-West, Tal der Könige. Foto: © Cosmopress Genève ADAGP Paris couv. Dagli Orti.
27 Grab von Ramses VI. Hieroglyphen des Textes aus dem „Totenbuch". Theben, Karnak. Foto: © Cosmopress Genève ADAGP Paris couv. Dagli Orti.
28 (oben) Hieroglyphen. Theben, Karnak. Foto: Gallimard, Paris.
28/29 (unten) Hieroglyphen-Zeichen. Ebd.
30 (oben) Meßstab eines ägyptischen Königs. Paris, Louvre. Foto: Josse.
30 (unten) Kalender von Elephantine. Ägypten um 1450 v. Chr., aus der Zeit Thutmosis' III. Paris, Louvre. Foto: Réunion des Musées nationaux, Paris.
31 Papyrus „der Goldminen". Turin, Ägyptisches Museum. Foto: Perino/Chomon.
32/33 Papyrus-Auszug aus dem „Totenbuch". Kairo, Ägyptisches Nationalmuseum. Foto: © Cosmopress Genève ADAGP Paris couv. Dagli Orti.
33–35 Dass. Ebd.
36/37 Dass. Ebd.
38 Der hockende Schreiber. Bemalter Kalkstein mit eingelegten Augen. 5. Dynastie. Paris, Louvre. Foto: Réunion des Musées nationaux, Paris.
39 Schülertafel. Papyrus mit dem Namen des Djedchusuiusank. Papyrus-Messer mit Entenkopf. Schreibpalette mit dem Namen Tanch-Amun. Doppel-Tintenfaß. Ebd.
40 (oben) Schreiber, ein Diktat übend. Fragment von der Wand eines Grabes. 18. Dynastie. Florenz, Archäologisches Museum. Foto: Violet/Alimari.
40 (unten) Papyrusherstellung. Paris, Gallimard.
41 (oben) Registrierung der Ernteerträge. Fresko auf dem Grab von Mena. Ägypten, 18. Dynastie. Theben, Tal der Adligen. Foto: Giraudon.
42/43 (oben) Papyrusernte und Vieh. Grabstele aus der 5. Dynastie. Nekropole von Sakkara, Ägypten. Foto: Explorer/Archives.
42/43 (unten) Hieratische Papyrus-Inschrift. 19. Dynastie. Paris, Louvre. Foto: © Cosmopress Genève ADAGP Paris couv. Dagli Orti.
44 Diskus von Phaistos, Kreta. Paris, Louvre. Foto: Giraudon.
45 Kaiserliches Siegel K'ang-hi. Chinesischer Porzellan-Würfel, mit Emaillen verziert. Paris, Musée Guimet. Foto: Réunion des Musées nationaux, Paris.
45 (rechts) Chinesische Ideogramme. Foto: Ebd.
46 Chinesisches Manuskript. Paris, Gallimard.
47 Buddhistischer Pilger, der Manuskripte auf dem Rücken trägt. Chinesisches Manuskript. Malerei, 9. Jh. v. Chr. von Tueng-Huang. Paris, Bibliothèque nationale.

47 (rechts) Entwicklung der chinesischen Schrift aus Piktogrammen. Paris, Gallimard.

48 Unterricht des Buddha über die Einhaltung des Fastens und die Reinheit. Chinesisches Manuskript von Tueng-Huang aus dem 6./7. Jh. Paris, Bibliothèque nationale.

49 Der Kaiser Kien Long zieht auf dem Pferd in die Stadt ein. Seidenrolle. Père Castiglione (1788 – 1766). Paris, Musée Guimet. Foto: Réunion des Musées nationaux, Paris.

Drittes Kapitel

50 Öffentlicher Schreiber. Miniatur in den Maqamat (= Sitzungen) des al-Hariri. Paris, Bibliothèque nationale. Foto: Explorer/Archives.

51 Römische Inschrift mit den Namen von Mars und Konsul Claudius. Rom, Museo della cività romana. Foto: © Cosmopress Genève ADAGP Paris couv. Dagli Orti.

52 (oben) Phönikisches Alphabet. Tafel aus gebranntem Ton aus dem 14. Jh. v. Chr. Ugarit, Syrien. Foto: © Cosmopress Genève ADAGP Paris couv. Dagli Orti.

52 (unten) Stein mit phönikischer Inschrift (9. Jh. v. Chr.). Cagliari, Archäologisches Museum. Foto: Viollet.

53 Holztransport auf Schiffen. Assyrien (8. Jh. v. Chr.). Relief des Palastes von Sargon in Khorsabad. Paris, Louvre. Foto: © Cosmopress Genève ADAGP Paris couv. Dagli Orti.

54/55 (oben) Hebräische Handschrift vom Toten Meer. Paris, Bibliothèque nationale.

55 (unten) Hebräisches Manuskript. Ebd.

56 Ritual der Passahnacht mit italienischen Bildern des 16. Jh. Persisches Manuskript, Sultan Hussein. Ebd.

57 Mit Buchmalereien geschmückte Seite aus dem Koran. Arabisches Manuskript. Ebd.

58 Bismillah. Arabisches Kalligramm, 19. Jh. Paris, Gallimard.

59 Detail aus dem Felsendom in Jerusalem. Foto: Explorer/Beuzen.

60 (oben) Schrift der Tuareg. Paris, Gallimard.

60 (unten) Griechischer Schreiber aus gebranntem Ton, Theben. Paris, Louvre. Foto: © Cosmopress Genève ADAGP Paris couv. Dagli Orti.

61 Detail der griechischen Rede Neros, in der er den Griechen die Freiheit verkündet. Stein mit Inschrift. Rom, Museo della cività romana. Foto: Viollet.

62 Codex Oppiano. Griechisches Manuskript, 11. Jh. Venedig, Biblioteca Marciana. Foto: © Cosmopress Genève ADAGP Paris couv. Dagli Orti.

63 Koptisches Manuskript (Ezechiel) mit arabischer Übersetzung (1356 n. Chr.). Paris, Bibliothèque nationale.

64 Vase mit etruskischer Inschrift. Rom, Museo nazionale della Villa Giulia.

65 Stele, Romulus, dem Gründer Roms, gewidmet. Rom, Museo della cività romana. Foto: © Cosmopress Genève ADAGP Paris couv. Dagli Orti.

66 Portrait des Ehepaares Pacio Proculo. Römisches Fresko aus Pompeji (1. Jh.). Neapel, Archäologisches Museum. Foto: © Cosmopress Genève ADAGP Paris couv. Dagli Orti.

67 Kambaramayanam (tamulisch). Indisches Manuskript. Paris, Bibliothèque nationale.

68 (oben) Mongolisches Manuskript (17. Jh.). Ebd.

68 (unten) Relief mit buddhistischen Gebeten aus Nepal. Foto: Explorer/Weisbecker.

69 Ramayana. Indisches Manuskript (19. Jh.). Paris, Bibliothèque nationale.

70/71 Karte zur Entstehung der Schriften. Illustration. Paris, Gallimard.

Viertes Kapitel

72 Schreibender Mann. Gemälde der Rheinischen Schule (Ende 16. Jh.). Colmar, Museum Unterlinden. Foto: © Cosmopress Genève ADAGP Paris couv. Dagli Orti.

73 Miniatur (12./Anfang 13. Jh.). Coïmbra, Portugal. Foto: © Cosmopress Genève ADAGP Paris couv. Dagli Orti.

74 Sammlung von französischen und italienischen Liedern, kopiert und dekoriert für Jean de Montechu (15. Jh.). Manuskript Rothschild. Paris, Bibliothèque nationale.

75 Buchmalerei aus dem „Livre des conclusions". Paris, Université de la Sorbonne. Foto: Charmet.

76–79 Seiten aus einem astronomischen Manuskript, die das Gedicht „Phainomena" des Aratus enthalten. Buchmalerei auf Pergament aus dem 10. Jh. London, British Museum.

80 Der Pergamentmacher. Stich von J.-C. Weigel (1696). Paris, Bibliothèque nationale.

81 Bibel des heiligen Hieronymus. Gemälde der Holländischen Schule. Marianus van Reymerswaele. Madrid, Prado. Foto: Viollet.

82 Horaz ad usum Parisiensem. Lateinisches Manuskript aus dem 15. Jh. Lissabon, Archives de Torre de Tourbo. Foto: Bibliothèque nationale, Paris.

83 Codex Sophilogium (Ende 15./Anfang 16. Jh.). Ebd. Foto: © Cosmopress Genève ADAGP Paris couv. Dagli Orti.

84 Der Übersetzer Jean Michot oder einer seiner Kopisten schreibt auf ein Pergamentblatt. Französisches Manuskript. Paris, Bibliothèque nationale.

85 (links) Der heilige Hieronymus bereitet sich darauf vor, auf ein Blatt Pergament zu schreiben. Französisches Manuskript 9198. Ebd.

85 (rechts) Eine Art Griffelkasten (11. Jh.). Angers, Sammlung St. Martin. Foto: Explorer/Archives.

86 (oben) Die vier Stufen der Herstellung eines Buchs. Kopenhagen, Kongelinge Bibliothek.

86 (unten) Abhandlung des heiligen Hilarius. Lateinisches Manuskript, 7. Jh. Paris, Bibliothèque nationale.

87 Das Leben des heiligen Martin von Sulpicius Severus. Lateinisches Manuskript. Ebd.

88 Ein Buchmaler des 15. Jh. in seiner Werkstatt. Codex Membranaceus. Lateinisches Manuskript. Ebd.

89 „Der Rosenroman" von Guillaume de Lorris und Jean de Meung. Französisches Manuskript, 15. Jh. Ebd.

90 Konstitution Benedikts XII. für die Reform der Regel des hl. Benedikt. Lateinisches Manuskript von 1337. Ebd.

91 (links) Die Arbeitsgeräte des Kopisten: Messer und Holzlineal, 11. Jh. Ebd.

91 (rechts) Zuschneiden der Gänsefeder. Paris, Gallimard.

92 Rekonstruktion der Druckerpresse Gutenbergs in Leipzig, Ende 19. Jh. Paris, Bibliothèque des Arts décoratifs. Foto: Charmet.

92 (oben) Humanistische Schrift (1458). Lateinisches Manuskript 5791. Paris, Bibliothèque nationale.

93 Druckerei. Stich nach Jean Straden, 16. Jh. Paris, Bibliothèque des Arts décoratifs. Foto: Charmet.

94 Faksimile einer Seite der Bibel mit 36 Zeilen von Gutenberg. Universität Greifswald. Foto: Charmet.

95 Gutenberg. Stich nach Larmessin (1682). Paris, Bibliothèque nationale. Foto: Charmet.

Fünftes Kapitel

96 Bernard Cennini und sein Sohn Tito Less. Gemälde von 1471. Paris, Galerie d'Art moderne. Foto: © Cosmopress Genève ADAGP Paris couv. Dagli Orti.

97 Art d'écrire. In: Diderot et d'Alembert, a. a. O. Paris, Bibliothèque des Arts décoratifs. Foto: Charmet.

98 Siegel von Aldus Manutius, italienischer Buchdrucker und Humanist, um 1450 – 1515. Foto: © Cosmopress Genève ADAGP Paris couv. Dagli Orti.

98/99 Bildnis des Luca Pacioli. Gemälde von Jacopo Del Bartori, Museo de Capo De Dimonte. Foto: © Cosmopress Genève ADAGP Paris couv. Dagli Orti.

99 „De Divina Proportione" (Über den Goldenen Schnitt). Abhandlung von Geoffroy Tory. Foto: © Cosmopress Genève ADAGP Paris couv. Dagli Orti.

100 Portrait von Robert Estienne (1503 – 1550), Genf, B. P. U. Foto: Charmet.

101 Laden eines Kunstbuchbinders, 16. Jh. Venedig, Museo Correr. Foto: © Cosmopress Genève ADAGP Paris couv. Dagli Orti.

102 Die Buchstaben des Abbé Jaugeon. Privatsammlung.

103 Stilleben mit Büchern. Gemälde von Charles Emmanuel Bizet d'Annonay, 17. Jh. Bourg-en-Bresse, Musée de l'Ain. Foto: © Cosmopress Genève ADAGP Paris couv. Dagli Orti.

104 Druckbuchstabe von Grandjean. Paris. Nationaldruckerei.

105 Druckbuchstabe von Didot, in Millimeter eingeteilt. Ebd.

106 „L'imprimeur" (Der Drucker), Selbstdarstellungen französischer Maler. Stich, 19. Jh. Foto: Explorer/Archives.

107 Maschine zum Drucken kleiner Zeitungen. Stich um 1870. Paris, Musée Carnavalet. Foto: Charmet.

108/109 „L'imprimeur d'estampes" (Der Kupferdrucker). Gemälde von Henri de Braekeleer, 1875. Anvers, Royal Beaux-Arts. Foto: Giraudon/Lauros.

110/111 „L'imprimeur typographe" (Der Schriftsetzer). Gemälde aus dem 19. Jh. Paris, Musée Carnavalet. Foto: © Cosmopress Genève ADAGP Paris couv. Dagli Orti.

112 „Le vendeur de journaux ..." (Der Zeitungsverkäufer ...). Stich, 19. Jh. Foto: Explorer/Archives.

112 (unten) „Les Journaux" (Die Zeitungen). Lithographie von Bailly (1761 – 1845). Versailles, Bibliothèque du château. Foto: Explorer/Archives.

113 Die Zeitung „La Lune" vom 30. Juni 1867, satirische Wochenzeitung. Paris, Maison de Victor Hugo. Foto: Giraudon/Lauros.

114 Voltaire in seinem Arbeitszimmer. Detail eines Gemäldes, 18. Jh. Paris, Musée Carnavalet. Foto: © Cosmopress Genève ADAGP Paris couv. Dagli Orti.

115 Öffentlicher Schreiber. Stich von 1840. Paris, Bibliothèque des Arts décoratifs. Foto: Charmet.

115 (unten) Federhalter, Ebenholz und Gold-Doublé, Werbung um 1900. Ebd.

Sechstes Kapitel

116 Entzifferung der babylonischen Inschriften. Lithographie, 19. Jh. In: „The Monuments of Niniveh". Paris, Gallimard.

117 Schwarzer Serpentin mit Keilschrift. Inschrift (12. Jh. v. Chr.). Paris, Bibliothèque nationale, Cabinet des médailles.

118 Der Stein von Rosette. London, British Museum.

118/119 (unten) Ansicht des Tempels von Maharaqa. Aquarell von Nestor L'Hôte. Paris, Bibliothèque nationale.

119 (oben) Jean-François Champollion. Gemälde von Léon Cogniet. Paris, Louvre. Foto: © Cosmopress Genève ADAGP Paris couv. Dagli Orti.

120 Kartusche „Kleopatra". Paris, Gallimard.

121 Manuskriptseite von Champollion. In: „Les Principes généraux de l'écriture sacrée égyptienne". Paris, Institut d'Orient.

122 Ausschnitt vom Felsen von Behistun. Foto: Gallimard, Paris.

123 Hauptansicht des Felsens von Behistun. Paris, Cabinet d'Assyriologie.

124 Rekonstruktion des Palastes von Knossos. Gemälde von Evans, um 1940. Foto: © Cosmopress Genève ADAGP Paris couv. Dagli Orti.

125 Die Tafel von Pylos mit kretischer Schrift. Paris, Gallimard.

126 Petroglyphen auf der Osterinsel. Foto: Explorer/Valetin.

127 Statuen von der Osterinsel. Stich, 18. Jh. Foto: Gallimard, Paris.

128 Moses. Gemälde von Guisto di Gand. Urbino, Palazzo Ducale.

Zeugnisse und Dokumente

129 „Le programme de cinéma" (Kinoprogramm) 1913. Coll. Mr. and Mrs. Bernard J. Reis. New York. Foto: © Cosmopress Genève ADAGP Paris couv. Dagli Orti.

130 Leuchtreklameschilder in Paris. Foto: Laurents.

131 Eine Avenue in Las Vegas. Foto: Thomas Höpker.

133 Graffiti rue Quincampoix, Paris, 1984. Foto: Denys Riout, Dominique Gurdjian, Jean-Pierre Leroux.

134 (links) International gebrauchte Piktogramme. © Bildarchiv Preussischer Kulturbesitz, Berlin.

134 (rechts oben) Beispiel einer Grundrißchoreographie von Lizzi Maudrik.

134 (rechts unten) Stenographierter Geschäftsbrief. © 1991 Ravensburger Buchverlag Otto Maier GmbH.

135 Aus dem Kinetogramm zur „Josephslegende". Kinetogramm in der Tanzschrift Laban (Labanotation) aus „Josephslegende" in der Choreographie von Pia und Pino Mlakar, notiert vom Kinetographen der Bayrischen Staatsoper Albrecht Knust 1942.

136 Tintenfaß. Detail einer Tafel der „Encyclopédie" von Diderot und d'Alembert. Stich. 18. Jh. Foto: Charmet.

139 Übungstafeln mit Personennamen.

140 Zeichnungen auf Tafeln aus der Zeit kurz nach 2600 v. Chr.

145 „Der hockende Schreiber". Bemalter Kalkstein mit eingelegten Augen. 5. Dynastie. Paris, Louvre.

147 Darstellung des griechischen Schulunterrichts auf der Schale von Duris, aus: Die hellenistische Schule von Martin P. Nilsson. © 1955 C. H. Beck, München.

153 Carolus übt das Abc, aus: Wilhelm Busch, „Eginhard und Emma".

158 Das Lesen wird im 16. Jh. nach der Lautiermethode eingeübt. Aus dem Orbis pictus von Johann Amos Commenius, 18. Jh.

159 Kanzleischrift von 1776. Aus: Vollkommene Gründ- und Regulmäßige Anweisung zur Schön. Schreib.Kunst von Johann Christoph Albrecht, 17. Jh.

162 Titelseite des Orbis pictus von Johann Amos Commenius, 18. Jh.

164 Römischer Handabakus, aus: Zahlwort und Ziffer von Karl Menninger. © Vandenhoeck & Ruprecht Verlagsbuchhandlung, Göttingen.

165 Eiförmige Tonbörse, aus: Universalgeschichte der Zahlen von Georges Ifrah. © 1986 Campus Verlag, Frankfurt am Main.

167 Übersichtstabelle der Zahlzeichen. Ebd.

168 Mesopotamisches Zählbrett. Rekonstruktion. © Ravensburger Spieleverlag.

169 Um 1200 v. Chr. rechneten die Ägypter mit einer Zahlentabelle. Foto: © Peter May.

170 Indische Schenkungsurkunde, aus: Universal-geschichte der Zahlen von Georges Ifrah. © 1986 Campus Verlag, Frankfurt am Main.

172 Grabmal der Ritter Ludwig und Hans von Paulsdorf, aus: Zahlwort und Ziffer von Karl Menniger. © Vandenhoeck & Ruprecht Verlagsbuchhandlung, Göttingen.

174 Schriftband mit den Worten „Gloria in excelsis Deo". Paris, Gallimard.

175 Ägyptische Notenschrift, aus: Ägypten. Musikgeschichte in Bildern II/1 von Hans Hickmann. © 1961 Deutscher Verlag für Musik, Leipzig.

176 Ionische Inschrift am Schatzhaus der Athener in Delphi, aus: Griechenland. Musikgeschichte in Bildern II/4 von Max Wegner. Deutscher Verlag für Musik, Leipzig.

177 Neumen, aus: Musikerziehung. Musikgeschichte in Bildern III/3 von Joseph Smits von Waesberghe. Deutscher Verlag für Musik, Leipzig.

179 „Guidonische Hand". Ebd.

180 Schriftbild der mehrstimmigen Musik im Mittelalter und in der Renaissance, aus: Schriftbild der mehrstimmigen Musik. Musikgeschichte in Bildern III/5 von Heinrich Besseler/Peter Gülke. Deutscher Verlag für Musik, Leipzig.

182 Tabulatur für Laute aus der Renaissance. Ebd.

183 Seite aus der „Zweiten Symphonie" von Gustav Mahler. © Wolfang Schreiber.

184 Jugendstilinitiale, 19. Jh.

189 Sacramentarium Gelasianum. Titelbild und Anfangsworte, Frankreich, Mitte des 8. Jh., aus: Die großen Jahrhunderte der Malerei, Hrsg. Albert Skira. © 1972 Editions d'Art Albert Skira.

190 Prachthandschrift, aus: Jüdische Buchkunst (Teil 1) von Ursula und Kurt Schubert. © Akademische Druck- und Verlagsanstalt, Graz.

193 Victor Hugo in seinem Arbeitszimmer. Stich von Victor Adam, 1833. Foto: Charmet.

195 Schriftimitat. Bild von © Katja Pfleger.

199 aus: „The Z was Zapped" von Chris Van Allsburg. © 1987 by Chris Van Allsburg. Reprinted by permission of Houghton Mifflin Company, Boston.

200 Illustriertes Vorwort zu „Jerusalem" von William Blake, aus: William Blake (Ausstellungskatalog). © 1975 Prestel-Verlag.

203 Radierung von Max Ernst, aus: Französische Maler illustrieren Bücher. Jahresgabe 1965, Höhere Fachschule für das Graph. Gewerbe. © Graphische Sammlung Staatsgalerie, Stuttgart.

Voigt

Inhalt